DELIUS KLASING

Don Seddon

DER BOOTSDIESEL
FUNKTION, WARTUNG UND REPARATUR

Delius Klasing Verlag

Autor und Verlag danken »Motor Boat & Yachting« für die Abdruckgenehmigung von verschiedenen Zeichnungen und der Firma »Lister Marine Diesels« für die Unterstützung bei den Fotoarbeiten. Des weiteren gilt der Dank folgenden Unternehmen: Robert Bosch Ltd, E. P. Barrus Ltd, BP, Perkins Engines, Vetus UK und zahlreichen befreundeten Bootsbesitzern, die durch viele Hinweise zur Entstehung dieses Buches beigetragen haben.

Die englische Originalausgabe mit dem Titel »Diesel Troubleshooter« ist im Verlag Fernhurst Books, Arundel / West Sussex erschienen.
Copyright © Fernhurst Books 1996

Bibliografische Information Der Deutschen Bibliothek
Die Deutsche Bibliothek verzeichnet diese Publikation in der
Deutschen Nationalbibliografie; detaillierte bibliografische Daten sind im Internet
über »http://dnb.ddb.de« abrufbar.

3. Auflage
ISBN 3-7688-1078-X
Die Rechte für die deutsche Ausgabe liegen beim Verlag
Delius, Klasing & Co. KG, Bielefeld

Aus dem Englischen von Aloys von Hammel
Umschlaggestaltung: Ekkehard Schonart
Titelfoto: Volvo
Fotos: Chris Davies, außer:
Perkins Marine Power Centre (S. 55), MB & Y (S. 78)
Druck: Schäfer Druck, Werther
Printed in Germany 2003

Delius Klasing Verlag, Siekerwall 21, D-33 602 Bielefeld
Tel.: 0521/559-0, Fax: 0521/559-115
e-mail: info@delius-klasing.de
www.delius-klasing.de

Inhalt

Vorwort

Auf See im Bereich von Tidenströmen oder auch auf Flüssen und Kanälen ist ein zuverlässiger Diesel äußerst wichtig. Statistiken der Seenotrettungsgesellschaften bezeugen, daß viele Seenotfälle hätten vermieden werden können, wäre das wichtigste Gerät der gesamten Sicherheitsausrüstung an Bord – der Diesel – gründlich gewartet worden.

Dieses Buch vermittelt Ihnen als Bootseigner nicht nur Grundwissen über die Funktionsweise, Pflege und Wartung Ihres Dieselmotors, sondern soll Sie auch in die Lage versetzen, sich bei plötzlich auftretenden Problemen selbst zu helfen.

Es schließt, denke ich, eine Lücke in Ihrer Bordbibliothek. Wenn Sie dieses Buch gründlich lesen, lernen Sie eine Menge über die Wirkungsweise eines Dieselmotors. Anschließend sollten sie das Buch als nützliches Nachschlagewerk und hilfreiche Gedächtnisstütze immer zur Hand haben.

Don Seddon

1. Funktionsweise

Trotz aller technischen Weiterentwicklung ist der Dieselmotor noch der einfachste und damit zuverlässigste aller Motoren. Grund dafür ist, daß Schiffe fast ausschließlich von Dieselmotoren angetrieben werden.

Um zu laufen, braucht er nur Kraftstoff und Luft, keine elektrische Zündanlage, denn er arbeitet nach dem Prinzip: Ein Gas wird komprimiert und erhitzt sich dabei. Daher wird der Dieselmotor im Gegensatz zu Benzin-

Bei diesem Schiffsdiesel – vom Getriebe her fotografiert – sieht man die Handpumpe für Ölwechsel (1), den Ölfilter (2) und direkt darüber die Magnetspule für den Stopphebel.

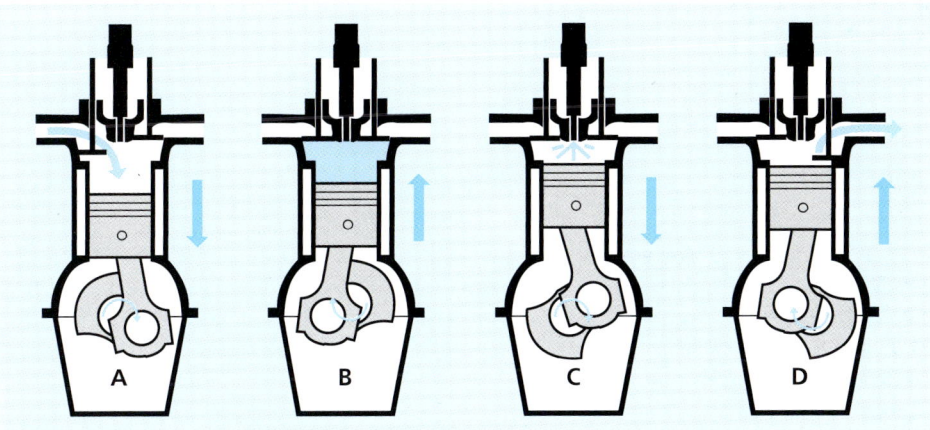

Viertakt-Zyklus eines Dieselmotors

A) Ansaugen. Der Kolben bewegt sich nach unten, das Einlaßventil öffnet, und Luft wird in den Zylinder gesogen.
B) Verdichten. Der Kolben steigt. Die Luft wird komprimiert und auf ca. 700 °C erhitzt. Kurz vor dem oberen Totpunkt wird fein zerstäubter Kraftstoff in den Verbrennungsraum eingespritzt.

C) Arbeiten. Das Kraftstoff-Luft-Gemisch entzündet sich von selbst, und der Kolben wird nach unten gedrückt.
D) Ausschieben. Das Auslaßventil öffnet sich, und das verbrannte Gas wird in den Auspuff geschoben.

motoren, die Zündkerzen brauchen, auch »Selbstzünder« genannt.

Bei einem Diesel wird der Kraftstoff in einen mit komprimierter und dabei erhitzter Luft gefüllten Zylinder gespritzt. Die Hitze entzündet das Kraftstoff-Luft-Gemisch, das sich bei dieser Verbrennung explosionsartig ausweitet und den Kolben nach unten drückt. Über eine Pleuelstange wird diese senkrechte Bewegung auf eine Kurbelwelle übertragen, deren Drehbewegung dann schließlich den Propeller antreibt.

Es gibt einige Zweitakt-Dieselmotoren, aber die Mehrzahl arbeitet nach dem Viertaktsystem. Das bedeutet: Ein voller Zyklus besteht aus vier Bewegungen des Kolbens, zwei

aufwärts und zwei abwärts – Ansaugen, Verdichten, Arbeiten und Ausschieben. Dieses Arbeitsspiel aus vier Hüben des Kolbens – auch Takte genannt – erzeugt zwei Umdrehungen der Kurbelwelle.

Die Abbildung oben zeigt das gesamte Arbeitsspiel, angefangen mit dem Ansaugen. Geht der Kolben nach unten, öffnet sich das Einlaßventil und eine bestimmte Menge Luft wird in den Zylinder gesaugt. Erreicht der Kolben die unterste Stellung (untere Totlage), wird das Einlaßventil geschlossen. Danach bewegt sich der Kolben nach oben und komprimiert die in den Zylinder eingesaugte Luft. Je höher der Kolben steigt, desto kräftiger wird die Luft im oberen Zylinderbereich

Oben und rechts: Bei dem aufgeschnittenen Modell im rechten Bild sieht man die robuste Zylinderkonstruktion, wie sie für die darin auftretenden Kompressionskräfte notwendig ist. Das obere Bild zeigt u.a. einen aufgeschnittenen Kraftstoff-Filter und das schwere Schwungrad des Motors.

komprimiert und erhitzt sich auf 500–700 °C. Kurz vor der oberen Totlage (weil sich die Verteilung des Kraftstoffes um 1/1000 s verzögert) wird der Kraftstoff über eine Zerstäuberdüse (Einspritzdüse) in die Verbrennungskammer gespritzt. Die heiße Luft und der Kraftstoff lösen eine kontrollierte Explosion aus. Der Kolben wird nach unten gedrückt. Dies ist der Arbeitstakt.

Danach bewegt sich der Kolben, angetrieben durch die Schwungscheibe auf der Kurbelwelle, wieder nach oben und drückt das verbrannte Gas durch das geöffnete Auslaßventil in den Auspuff. Bei Beginn der Aufwärtsbewegung hat sich das Auslaßventil geöffnet und schließt wieder, wenn der Kolben in seiner oberen Stellung ist. Hier beginnt das Arbeitsspiel von vorne.

Die Temperatur der im Zylinder komprimierten Luft ist abhängig von der Kompressions-

stärke, bei Dieselmotoren normalerweise zwischen 16:1 und 25:1. Dieses Kompressionsverhältnis wird berechnet, indem man das Volumen des Zylinders in der unteren Totlage zu dem in der oberen Totlage ins Verhältnis setzt.

Alle Viertaktmotoren brauchen das Gewicht einer Schwungscheibe, die den Kolben ohne Stottern durch die drei Nicht-Arbeitstakte dreht. Nach den ersten Zündungen übernimmt das Schwungrad die Rotationsbewegung der Kurbelwelle und dreht aufgrund ihrer Masse den Kolben durch die drei übrigen Takte bis zum nächsten Arbeitstakt.

Ein Ein-Zylinder-Motor braucht ein relativ großes und schweres Schwungrad. Bei einer Mehrzylinder-Maschine mit mehreren Arbeitstakten braucht das Schwungrad nicht soviel Arbeit zu übernehmen und kann daher kleiner und leichter sein. Außerdem bewirken die Ausgleichsgewichte auf der Kurbelwelle, daß der Motor weich läuft. Diese Gewichte werden statisch und dynamisch ausbalanciert, um mögliche Fliehkräfte auf einem Minimum zu halten.

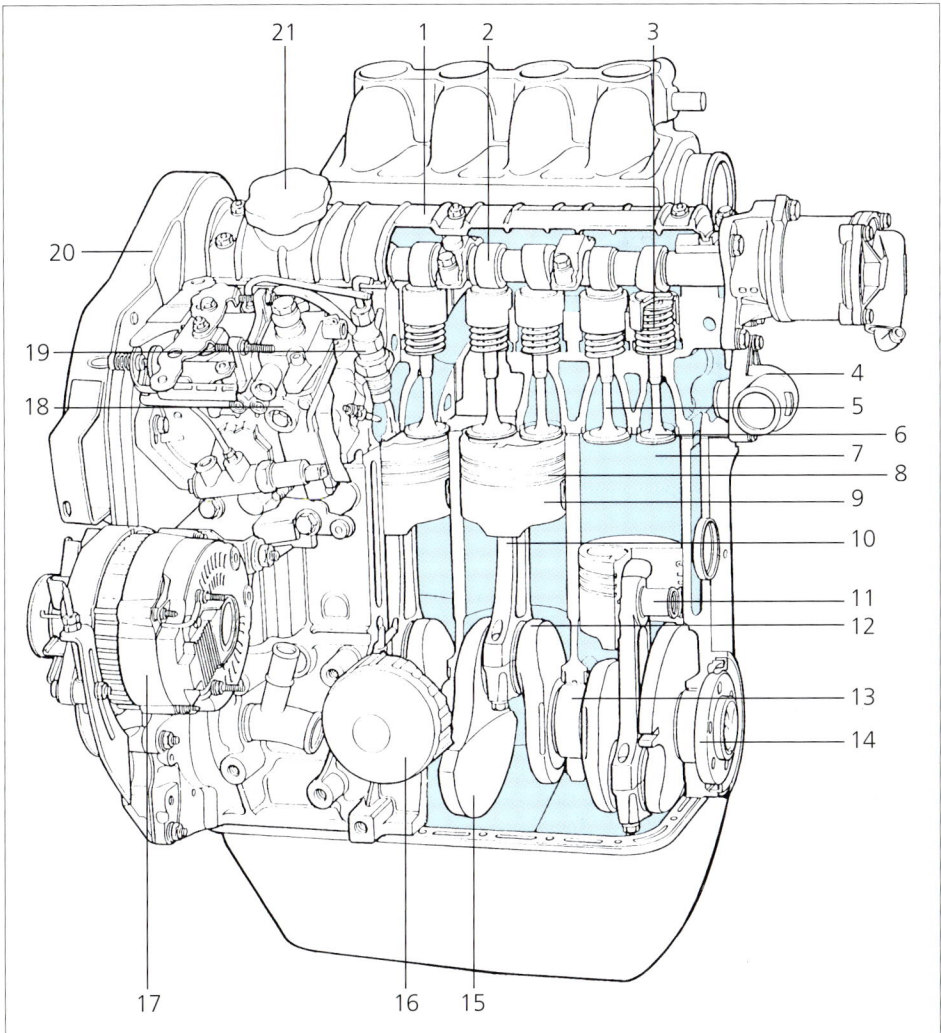

Vier-Zylinder-OHC-Dieselmotor

1 Ventilkammer-Deckel. 2 Nockenwelle. 3 Ventilfeder. 4 Kühlwasser-Einlauf. 5 Einlaßventil. 6 Auslaßventil. 7 Zylinder. 8 Kolbenringe. 9 Kolben. 10 Pleuelstange. 11 Kolbenbolzen. 12 Kurbelwelle. 13 Kurbellager. 14 Schwungrad-Kupplung. 15 Balancegewicht. 16 Ölfilter. 17 Lichtmaschine. 18 Einspritzpumpe. 19 Einspritzdüse. 20 Abdeckung der Stirnräder. 21 Öleinfülldeckel.

Bei einigen Motoren sind zusätzliche, von der Kurbelwelle angetriebene Ausgleichswellen eingebaut, um die Fliehkräfte, die beim Arbeitstakt entstehen, auszugleichen. Dadurch kann die Vibration des Motors reduziert und das Schwungrad klein gehalten werden.

Über das Stirnrad der Kurbelwelle wird die Motordrehung direkt auf die Stirnräder der Ölpumpe, der Einspritzpumpe, der Nockenwelle, der Kühlwasser- und der Seewasserpumpe übertragen. Die Stirnräder tragen eine Markierung, damit bei der Montage der Gleichlauf von Kolben, Ventile und Einspritzpumpe garantiert ist. Ansonsten würden die Einspritzzeitpunkte der einzelnen Kolben mit der Kurbelstellung nicht übereinstimmen. Die Lichtmaschine wird über einen Keilriemen angetrieben, bei größeren Motoren auch die Frischwasser-Pumpe für den inneren Kühlkreislauf.

Die Qualität und die Effektivität der Verbrennung und damit die Leistung des Motors werden von der Menge des eingespritzten Kraftstoffs (in Abhängigkeit von der Stellung des Gashebels), von dem Durchmesser des Zylinders (Bohrung), der Länge des Kolbenhubs und der Konstruktion der Verbrennungskammer bestimmt. Das in einer bestimmten Phase an der Kurbelwelle anliegende Drehmoment ist abhängig von der Belastung des Motors, d.h. von der abgeforderten Leistung.

Der Kraftstoffverbrauch eines Bootsdiesel läßt sich auf See nur schwer ermitteln, weil dort anders als auf dem Prüfstand viele Faktoren mitspielen: Windrichtung, Seegang, Rumpfform, Glätte des Unterwasserschiffs, Strömung, Propellergröße und -steigung, Motortemperatur etc. Wichtig ist, daß der Motor der Schiffsgröße angepaßt ist. Ein namhafter Motor-Hersteller empfiehlt bei guter Rumpfform, richtigem Propeller und Berücksichtigung von Reibungsverlusten durch Getriebe und Wellenanlage 3,5 – 5 PS (2,6 – 3,7 kW) je Tonne. Bei Segelyachten wird in der Regel der erste Wert zugrunde gelegt.

Ein 50 PS-Perkins 4-108 in einer etwa 13 t schweren Segelyacht verbraucht bei 70% – 80% der Nenndrehzahl (Vollgas), also bei Marschfahrt mit 6 kn und 2200 U/min, etwa 3,5 – 4 Liter Dieselkraftstoff pro Stunde.

In den letzten Jahren wurden von den Motorenherstellern umweltfreundliche, d.h. schadstoffarme Dieselmotoren mit einer neuen Einspritztechnik, der Common-Rail-Technik, entwickelt. Bei diesen Motoren wird jeder Injektor (nicht mehr Einspritzdüse) zylinderindividuell über ein Steuergerät, einem leistungsfähigen Mikrocomputer, angesprochen. Das Steuergerät, das seine Informationen von mehreren Sensoren am Motor bekommt, verwertet sie und gibt sie an diverse Regler weiter. Es regelt auch die Einspritzmenge am Injektor, d.h. es entscheidet, ob das Magnetventil am Injektor angesteuert wird oder nicht, mit welcher Geschwindigkeit die Düsennadel schließt bzw. öffnet, wie hoch der Druck in der Rail ist, welche Menge die Düse durchläßt und wie hoch der Nadeldruck ist. Die Rail ist ein für alle Injektoren gemeinsamer Hochdruckspeicher.

2. Kraftstoff

Das Kraftstoffsystem für einen Diesel besteht aus zwei Teilen: einem Niedrig- und einem Hochdrucksystem sowie einigen unterschiedlichen Zusatzteilen, die für den runden Lauf des Motors wichtig sind. Die Funktion des Niedrigdrucksystems besteht darin, die Einspritzpumpe mit sauberem Kraftstoff zu versorgen. Dabei ist absolut wichtig, daß die Einspritzpumpe, die zum Hochdrucksystem zählt, frei von Kleinstteilen und Kondenswasser bleibt.

Niedrigdrucksystem
1. Kraftstofftank
2. Kraftstoffleitung (mit Sperrhahn)
3. Vorfilter (Grobfilter oder Wasserabscheider)
4. Kraftstoff-Förderpumpe
5. Kraftstoff-Filter (Feinfilter)

Hochdrucksystem
1. Einspritzpumpe
2. Einspritzdüsen. Die Pumpe und die Einspritzdüse mit Vorkammer fördern mehr Kraftstoff in die Vorkammer als verbraucht wird. Über eine Rücklaufleitung gelangt der überflüssige Kraftstoff in den Kraftstoff-Filter oder den Tank zurück.

Kraftstofftank
Er sollte am besten über der Einbauhöhe des Motors liegen, damit zwischen dem Füllstand im Tank und der Einspritzpumpe am Motor ein natürliches Druckgefälle besteht. Bei undichten Stellen in den Zuleitungen leckt dann eher Kraftstoff aus, als daß Luft angesogen wird. Ist der Tank auf gleicher Höhe mit dem

Moderne Kraftstoff-Filter sind Wegwerfartikel. Zum Austausch löst man den alten Filter mit einem Bandschlüssel und schraubt ihn ab. Der neue braucht nur mit der Hand angezogen zu werden. Um das zu erleichtern, träufelt man ein paar Tropfen Kraftstoff auf den Dichtungsring. Zum Schluß müssen die Leitungen entlüftet werden.

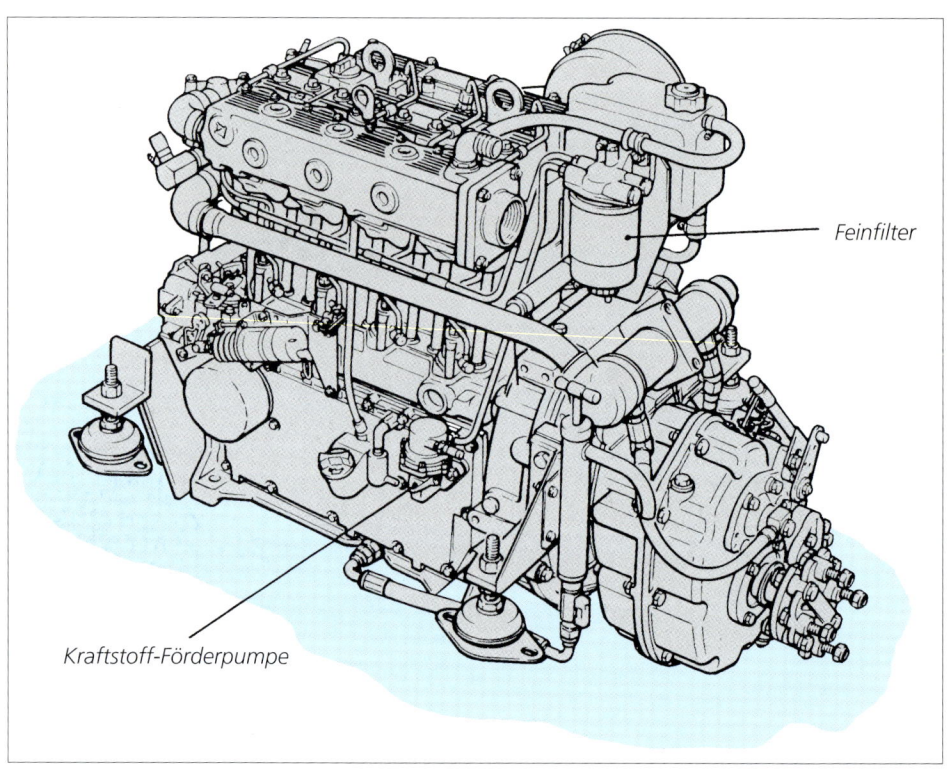

Feinfilter

Kraftstoff-Förderpumpe

Motor oder tiefer und es entsteht ein Leck in der Zuleitung, kann beim Abstellen des Motors Luft ins Leitungssystem gelangen. Sehr günstig ist ein hochgelegter Tagestank mit einer Entlüftungsleitung nach außen, der ein natürliches Druckgefälle erzeugt.

Tanks werden aus unterschiedlichem Material gefertigt:
1. Rostfreier Stahl (Niro) – geschweißt, stabil und korrosionsfrei.
2. Plastik – normalerweise aus Polyäthylen und durchsichtig, so daß man den Füllstand leicht erkennen kann; geringes Risiko von Kondenswasserbildung; keine Rostbildung.

3. Äußerst flexible Tanks – mehrfach verstärkt und geschweißt – ideal als Reservetanks auf Langfahrten oder für ungewöhnliche Stauräume.

Zuleitung
Da Motoren stark vibrieren, würden starre Leitungen schnell brechen. Ein Teil des Leitungssystems zwischen Tank und Motor besteht deshalb aus speziellen, flexiblen Schläuchen mit einem schützenden Drahtgeflecht-Überzug. Im Normalfall sind das die Zuleitung zwischen Wasserabscheider und Förderpumpe und die Rückleitung vom Motor zum Tank. Der übrige Teil der Kraftstoffleitung

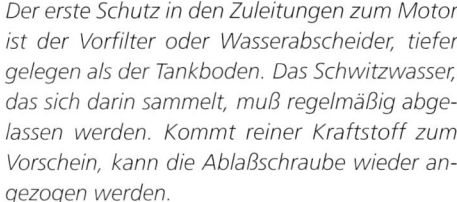

Der erste Schutz in den Zuleitungen zum Motor ist der Vorfilter oder Wasserabscheider, tiefer gelegen als der Tankboden. Das Schwitzwasser, das sich darin sammelt, muß regelmäßig abgelassen werden. Kommt reiner Kraftstoff zum Vorschein, kann die Ablaßschraube wieder angezogen werden.

Wasser, des Kraftstoffs größter Feind, ist schwerer als der Kraftstoff. Die hier gezeigte Menge wurde Mitte der Saison aus dem Wasserabscheider abgelassen. Eine ganz kleine Menge legt bereits den Motor lahm.

kann aus steifem Rohr bestehen und fest mit dem Bootsrumpf verbunden sein.

Stabile Rohrleitungen können aus dickwandigen Kupferrohren, aus Niro oder auch Gewebeschläuchen bestehen. Die Anschlußstücke sollten entweder eine Dichtungsscheibe aus Bronze enthalten oder konisch geformt sein. Doppelkegel-Verbindungen eignen sich nicht. Bei allen Verbindungsstellen sollte Metall auf Metall kommen. Dichtungen aus Kunststoff oder PTFE (Polytetrafluorethylen) sollten auf keinen Fall verwendet werden, denn davon abgesplitterte Teilchen könnten ins Zuleitungssystem geraten.

Der Absperrhahn der Zuleitung sollte so nahe wie möglich am Tank und gut zugänglich sein, um ihn im Falle eines Brandes so schnell wie möglich schließen zu können, ohne dafür in den Motorraum hineinzumüssen. Auf der Hochdrucksystemseite sollten die Überwurfmuttern aus Kupfer oder Aluminium nur so weit angezogen werden, daß die Dichtungsscheiben leicht zusammengepreßt werden. Auf keinen Fall überdrehen! Die Hochdruckleitungen zwischen der Einspritzpumpe und den Einspritzdüsen bestehen aus dickwandigen Stahlrohren. Deren Länge und der innere Durchmesser sind genau auf das System abge-

15

stimmt, denn davon hängt ab, ob der Kraftstoff mit dem richtigen Druck bei den Einspritzdüsen ankommt. Muß eine dieser Leitungen ersetzt werden, sollte man nur Originalersatzteile des Motorenherstellers verwenden.

Vorfilter oder Wasserabscheider

Da Wasser einen Kraftstoff-Feinfilter passieren kann, ist in den meisten Zuleitungssystemen ein Wasserabscheider vorgeschaltet, in dem das im Kraftstoff enthaltene Wasser sich absetzen und über eine Ablaßschraube von Zeit zu Zeit entfernt werden kann.

Da die meisten Betriebsstörungen von Verunreinigungen im Kraftstoff ausgehen, spielen die Filter eine ungemein wichtige Rolle. Regelmäßige Wartung und Austausch der Filter garantieren eine längere Lebensdauer der Motoren. In bestimmten Regionen kommt man aufgrund starker Verunreinigungen im Kraftstoff mit dem Standardfilter (Wegwerffilter) nicht aus. Da empfehlen sich Doppelfilter, die während der Fahrt umgeschaltet werden können.

Der Kraftstoff wird im Filter durch ein einfaches, labyrinthartiges System geführt. Dabei

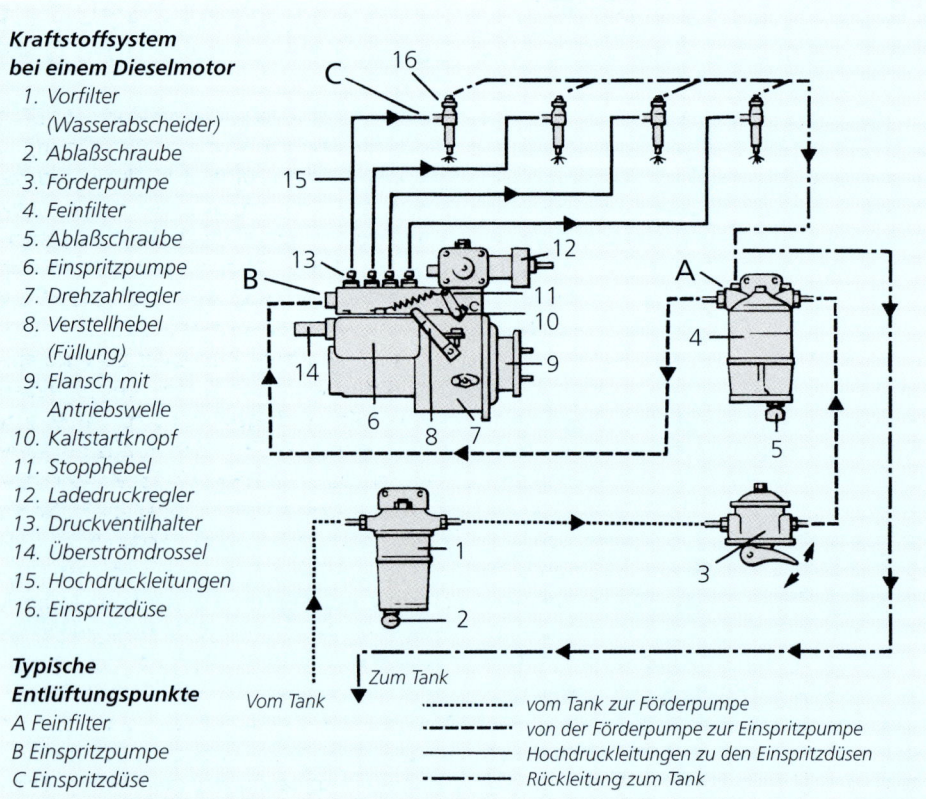

Kraftstoffsystem bei einem Dieselmotor
1. Vorfilter (Wasserabscheider)
2. Ablaßschraube
3. Förderpumpe
4. Feinfilter
5. Ablaßschraube
6. Einspritzpumpe
7. Drehzahlregler
8. Verstellhebel (Füllung)
9. Flansch mit Antriebswelle
10. Kaltstartknopf
11. Stopphebel
12. Ladedruckregler
13. Druckventilhalter
14. Überströmdrossel
15. Hochdruckleitungen
16. Einspritzdüse

Typische Entlüftungspunkte
A Feinfilter
B Einspritzpumpe
C Einspritzdüse

Vom Tank ·········· vom Tank zur Förderpumpe
Zum Tank - - - - - von der Förderpumpe zur Einspritzpumpe
——— Hochdruckleitungen zu den Einspritzdüsen
–·–·– Rückleitung zum Tank

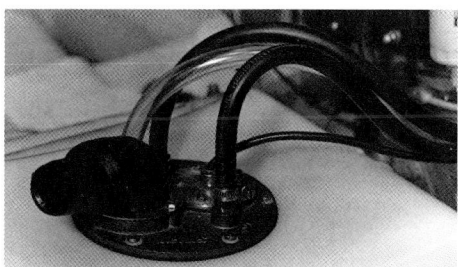
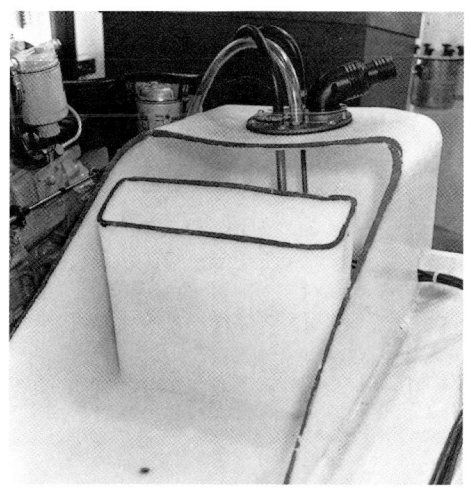

Oben und rechts: Dieser Tank hat eine Vor- und Rücklaufleitung, ein Belüftungs-, ein Einfüllrohr und eine Tankanzeige. Schlingerschotten im Tank verhindern, daß der Kraftstoff bei unruhigem Seegang hin- und herschwappt, sich mit Luftblasen durchsetzt und am Tankboden abgesetzten Schlamm aufnimmt.

setzen sich Wasser und Verunreinigungen am Boden ab und können über ein kleines Ventil am Boden des Filtergehäuses (oder Schauglases) abgelassen werden. Die dabei aufgefangene Flüssigkeit muß auf Wasser und Verunreinigungen überprüft werden. Enthält sie mehr als einige Tropfen Wasser, eine Emulsion aus Wasser und Öl oder eine kleine Menge von Schmutzteilchen, muß man den Tank inspizieren und ihn gegebenenfalls reinigen. Der Wasserabscheider selbst braucht keine Pflege, der Innenbehälter jedoch muß, wenn er stark verschmutzt ist, herausgenommen und gereinigt werden. Besonders bei größeren Motoren ab 50 kW aufwärts werden heute oft sog. zentrifugierende Wasserabscheider benutzt. In der ersten Stufe werden Verunreinigungen bis 30 µ (1µ = 1/1000 mm) durch Zentrifugalwirkung abgeschieden. Aufgrund des höheren spezifischen Gewichts sinken sie auf den Boden des Schauglases. Diese sichtbaren Schmutzteile kann man über eine Ablaßschraube am Boden des Filtergehäuses ablassen. In der zweiten Stufe werden Schmutzteile, die zwischen 10–30 µ liegen und leichter als der Kraftstoff sind, zu größeren Teilchen aufgeflockt, damit auch sie absinken. In der dritten Stufe wird der fast schon reine Kraftstoff durch eine auswechselbare Feinstfilter-Patrone gedrückt, die in regelmäßigen Abständen entsprechend der Betriebsanweisung auszutauschen ist.

Die meisten Wasserabscheider sind Kombigeräte, in denen das Wasser abgeschieden und der Kraftstoff gereinigt wird. Dabei sitzt der Wegwerffilter für den Kraftstoff über dem Schauglas, in dem sich das Wasser sammelt und über das man schnell kontrollieren kann, ob sich Wasser oder Schmutz am Boden abgesetzt hat. Man sollte sich diese Kontrollen zur Routine machen und den Inhalt des Schauglases sofort ablassen, wenn es notwendig erscheint. Häuft sich diese Arbeit, muß dringend der Tank gereinigt werden.

Hat der Wasserabscheider, wie zumeist üblich, einen Wegwerffilter, muß man ihn mindestens so häufig wechseln wie den Feinfilter, denn dieser Vorfilter, der erste Filter in

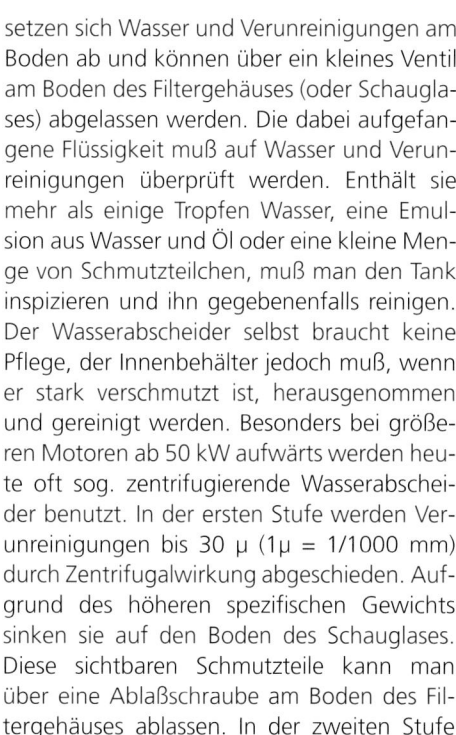

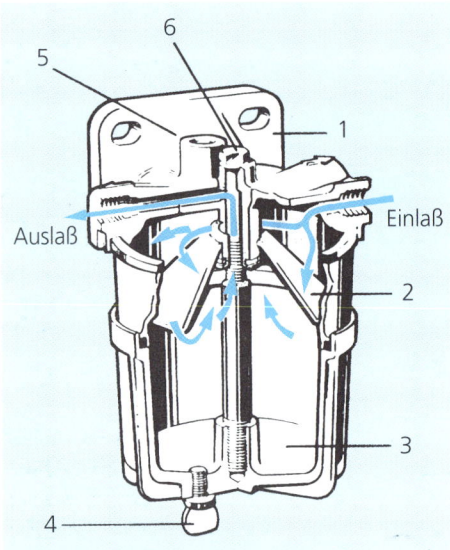

Vorfilter (Wasserabscheider)
1. Filterkopf mit Halterung
2. Abscheider oder Verteiler
3. Schmutzsammelbehälter
4. Ablaßschraube
5. Entlüftungsschraube
6. Zentraler Verschlußbolzen

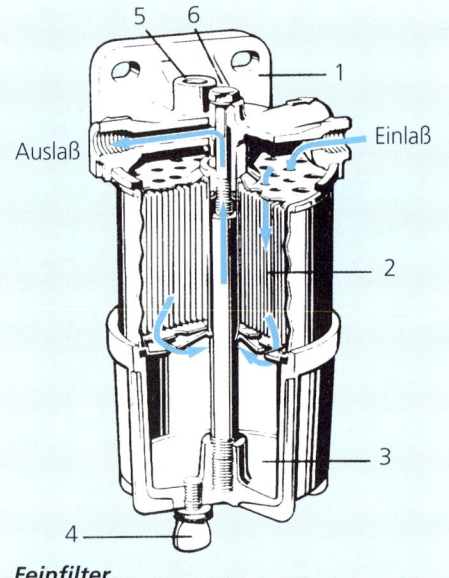

Feinfilter
1. Filterkopf mit Halterung
2. Filterpatrone aus Papier
3. Schmutzsammelbehälter
4. Ablaßschraube
5. Entlüftungsschraube
6. Zentraler Verschlußbolzen

der Zuleitung, verstopft vermutlich eher als der Feinfilter.

Förderpumpe

Die Förderpumpe, über einen Antriebsfinger an der Nockenwelle kontinuierlich angetrieben, versorgt als Bindeglied zwischen dem Niedrig- und dem Hochdrucksystem die Einspritzpumpe ständig mit der erforderlichen Menge Kraftstoff. Einige haben ein feinmaschiges Sieb, um Verunreinigungen im Kraftstoff auszufiltern, die Ursache dafür sein können, daß die Rückschlagventile nicht mehr schließen. Das Sieb sollte zusammen mit dem Austausch des Feinfilters gereinigt werden. Die Förderpumpe ist normalerweise eine Membranpumpe. Zwei Rückschlagventile sorgen dafür, daß der Kraftstoff zum einen in das Pumpengehäuse oberhalb der Membrane hinein und zum anderen von dort wieder hinaus gelangt. Hat sich im Gehäuse der Förderpumpe der erforderliche Druck aufgebaut, wird die Feder unter der Membrane zusammengedrückt. Der Gegendruck der Feder und die Verformung der Membrane bewirken, daß ausreichend Druck gehalten wird.

Ein Handpumpenhebel ergänzt die Funktion des Antriebsfingers. Läßt sich der Pumpenhe-

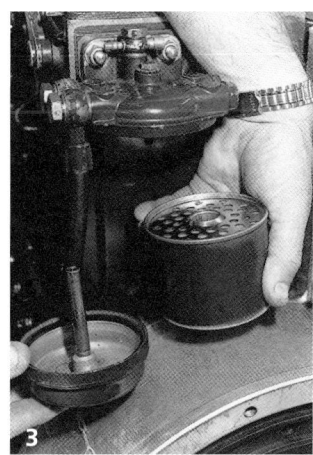

Feinfilterwechsel: 1. Kraftstoff aus dem Filter ablassen und entsorgen. 2. Den zentralen Verschlußbolzen lösen. 3. Zum Lösen den Filter drehen und nach unten drücken. Das alte Filterelement entfernen, den Schmutzbehälter und den Dichtungsring mit Putzlappen reinigen und das neue Element einsetzen. 4. Den Verschlußbolzen nicht zu stramm anziehen; das System entlüften.

bel beim Füllen oder Entlüften des Systems kaum bewegen, sollte man den Motor mit dem Anlasser oder der Handkurbel durchdrehen, bis der Antriebsfinger einen größeren Bewegungsspielraum zuläßt.

Förderpumpen werden im allgemeinen nicht stark belastet und fallen selten aus; dennoch ist es nicht falsch, Ersatzmembrane, zusätzliche Ersatzteile oder sogar eine komplette Pumpe an Bord zu haben.

Feinfilter für den Kraftstoff

Das letzte Glied der Abwehrkette ist der vor der Einspritzpumpe liegende Feinfilter, der jegliche Verunreinigung, die Pumpe oder Einspritzdüsen verstopfen könnte, beseitigt.

Der Feinfilter, wie der Motorölfilter zumeist ein Wegwerfelement, sollte zusammen mit diesem gewechselt werden. Dabei ist darauf zu achten, daß die Dichtungen am Filter oder Filtergehäuse sowie die Befestigungsbolzen

in gutem Zustand sind und richtig eingesetzt werden. Man sollte nur Filter verwenden, die zur Pumpenanlage passen und vom Motorhersteller empfohlen werden. Damit der Entlüftungsprozeß und anschließende Startvorgang nicht so lange dauern, sollte man den neuen Filter vor dem Einsetzen mit sauberem (!) Kraftstoff füllen.

Einspritzpumpe

Im allgemeinen ist Dieselkraftstoff nicht komprimierbar. Wenn er in eine geschlossene Kammer gepumpt wird, steigt deshalb der Druck sehr schnell, bis der Punkt erreicht ist, bei dem die Einspritzdüse öffnet. Der Druck liegt bei Nicht-Turbo-Motoren im Normalfall bei 140 bar. Dann schießt der Kraftstoff in fein zerstäubter Form durch die Düse in die Verbrennungskammer.

Die Reihen-Einspritzpumpe muß so eingestellt sein, daß der Einspritzpunkt kurz vor

Entlüftung des Kraftstoffsystems

Nach dem Austausch des Filterelements muß das Kraftstoffsystem entlüftet werden. Man beginnt mit der Entlüftungsschraube am Feinfilter, dem normalerweise höchsten Punkt auf der Förderseite des Systems (oben rechts). Ist die Schraube gelöst, pumpt man mit dem Handhebel der Förderpumpe solange, bis an der Entlüftungsschraube Kraftstoff ohne Blasen austritt. Ist der Feinfilter nicht der höchste Punkt, muß man möglicherweise an einem anderen Punkt entlüften, evtl. an der Einspritzpumpe.

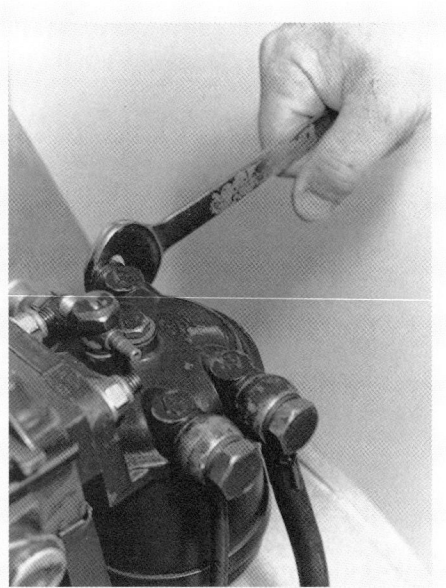

Muß der Motor an der Einspritzpumpe entlüftet werden, sollte man in die Betriebsanweisung schauen. Zu leicht dreht man an einer verkehrten Schraube und bringt die Einstellung durcheinander.

Moderne Motoren sind mit automatischen Entlüftungsventilen ausgestattet, die jedoch leicht Leckagen verursachen können.

Besitzt der Motor eine Kaltstartvorrichtung mit Kraftstoffeinspritzung, muß diese ebenfalls entlüftet werden. Man löst eine Einspritzleitung an den Düsenstöcken und verfährt wie bei einer normalen Entlüftungsschraube und pumpt solange, bis die Schraube wieder angezogen ist.

Die Einspritzdüsen sind bei diesem Motor deutlich zu sehen. Die zum Kopf der Düsen verlaufenden Leitungen sind die Hochdruckleitungen von der Einspritzpumpe, die dünnen (seitlich) führen überschüssigen Kraftstoff ins System zurück.

Die Einspritzdüsen liegen bei diesem Motor unter dem hier im Bild angehobenen Zylinderkopfdeckel und werden von einer Klemmbacke auf Position gehalten.

dem höchsten Punkt des Kolbens beim Kompressionstakt, dem oberen Totpunkt, liegt.

Da der Dieselkraftstoff relativ dünnflüssig ist, muß die Verbindung zwischen dem Kolben in der Pumpe und dem eigentlichen Gehäuse extrem dicht sein, damit kein Kraftstoff entweicht. Andernfalls würde der notwendige Druck nicht erreicht. Die Ventile und Kolben in der Pumpe, die für den Druck verantwortlich sind, bestehen aus gehärtetem Stahl und werden mit minimalen, im Bereich von tausendstel Millimeter liegenden Toleranzen gefertigt. Bei einigen Motoren findet man für jede Einspritzdüse eine einzelne Einspritzpumpe. Bei anderen Motoren versorgt eine einzige Kolbenpumpe (Verteilerpumpe) mehrere Einspritzdüsen über ein Verteilerventil. In anderen Fällen sind mehrere Pumpenelemente hintereinander in einem Gehäuse angeordnet (Reihenpumpe).

Alle Pumpen haben gemeinsam, daß der Kolbentakt und somit die Kraftstoffmenge, die an die Einspritzdüse freigegeben wird, mechanisch kontrolliert wird. Dadurch wird die Tourenzahl des Motors bestimmt.

Die meisten Einspritzpumpen enthalten ein System (Drehzahlregler), das die Höchstmenge der Kraftstoffzufuhr reguliert. Gleichzeitig garantiert dieses System die Einhaltung einer konstanten Umdrehungzahl bei wechselnder Belastung, und es legt die Obergrenze der Drehzahl fest.

Dieses hochentwickelte Steuerungssystem regelt ebenso die Kraftstoffzufuhr im Leerlauf wie deren Unterbrechung beim Abschalten des Motors.

Wartungs- und Einstellungsarbeiten sollten nur von geschultem Fachpersonal ausgeführt werden. Das Einzige und Beste, was ein Eigner tun kann, ist, die Verbindungsstücke an den Leitungen leckfrei zu halten, sie gelegentlich einzufetten und dafür zu sorgen, daß die Befestigungsschrauben zwischen Pumpengehäuse und Motor fest angezogen sind. Andernfalls kann sich die Pumpe innerhalb der Schraubenbohrungen verschieben und sich dadurch der Zündpunkt verstellen.

Einspritzpumpen, die über Zahnriemen oder Ketten angetrieben werden, erfordern eine regelmäßige Kontrolle. Bei modernen Motoren

Die Einspritzdüsen können nach dem Lösen der Klemmbacke mittels eines Sechskant-Winkel-Schraubendrehers (Imbusschlüssel) herausgezogen und kontrolliert werden. Schließt man die Druck- und Rückführleitung wieder an und dreht den Motor, läßt sich die Funktion der Düse anhand des austretenden Strahls überprüfen. Aber Vorsicht! Kraftstoff ist giftig und kann an Haut und Augen gesundheitliche Schäden verursachen.

überwachen Bordcomputer die Einstellung und können den richtigen Zündpunkt durch Verstellen von Spannrädern nachregeln. Die Riemen bzw. Ketten sind entsprechend der Betriebsanweisung der Hersteller zu wechseln. Einspritzpumpen werden vom hindurchfließenden Kraftstoff geschmiert. Die kleinste Menge Wasser, die in eine Pumpe kommt, kann Verschleiß verursachen und möglicherweise Teile festsetzen.

Einspritzdüsen

Die Einspritzdüsen arbeiten wie ein Entlastungsventil. Eine Druckfeder im Inneren der

Die Zu- und Ableitungen an diesem Ventil zur Rückführung überschüssigen Kraftstoffs sind mit Dichtungsringen aus Aluminium oder Kupfer versehen. Tritt dort Kraftstoff aus, sollte man die Dichtungsringe säubern oder ersetzen. Kupferdichtungen werden vor ihrer Verwendung durchgeglüht und abgekühlt. Dadurch werden sie weicher und dichten besser.

Einspritzdüse hält die Düse so lange geschlossen, bis der erforderliche Druck aufgebaut ist. Erst wenn dieser erreicht ist (Zündpunkt), springt die Düsennadel zurück und öffnet die Düse. Dann spritzt Kraftstoff durch eine sehr enge Bohrung (Zapfendüse) oder durch mehrere kleine Bohrungen (Lochdüsen) am Ende der Einspritzdüse in sehr feinen Strahlen in den Verbrennungsraum. Die Druckfeder garantiert, daß der Zeitpunkt des Öffnens und Schließens sehr präzise ist. Dabei gelangt die vom Drehzahlregler genau dosierte Menge Kraftstoff in die Verbrennungskammer. Die Einspritzdüse selbst kontrolliert nicht die Kraftstoffmenge. Sie öffnet nur und läßt die Menge Kraftstoff durch, die in sie hineingepumpt wurde.

Einige Einspritzdüsen können gewartet werden, andere sind Austauschteile. Die Düsen stehen bei sorgfältiger Aufbereitung des Kraftstoffs (regelmäßige Wartung der Vor- und Feinfilter) 1000 Betriebsstunden durch – was eine beträchtliche Zeit ist. Die genauen Wartungsintervalle sind den Betriebsanleitungen zu entnehmen.

Verstopfte Düsen erschweren den Motorstart, weil dann die Düsennadel erst zurückspringt, wenn der Druck höher als normal ist. Gleichzeitig gelangt weniger Kraftstoff in die Verbrennungskammer. Sie müssen dann entweder von einem Fachmann gewartet oder einzeln bzw. komplett ausgetauscht werden. Man kann die Einspritzdüse herausziehen und dann den Motor drehen, um zu überprüfen, ob Kraftstoff durch die Düsen kommt. Vor dieser Arbeit möchten wir jedoch warnen. Mit hohem Druck verspritzter Kraftstoff kann leicht die Haut angreifen oder Augen erblinden lassen, denn Dieselkraftstoff ist hochgiftig.

Die Einspritzdüsen sitzen vielfach in einer Kupferhülse, über die die Wärme ans Kühl-

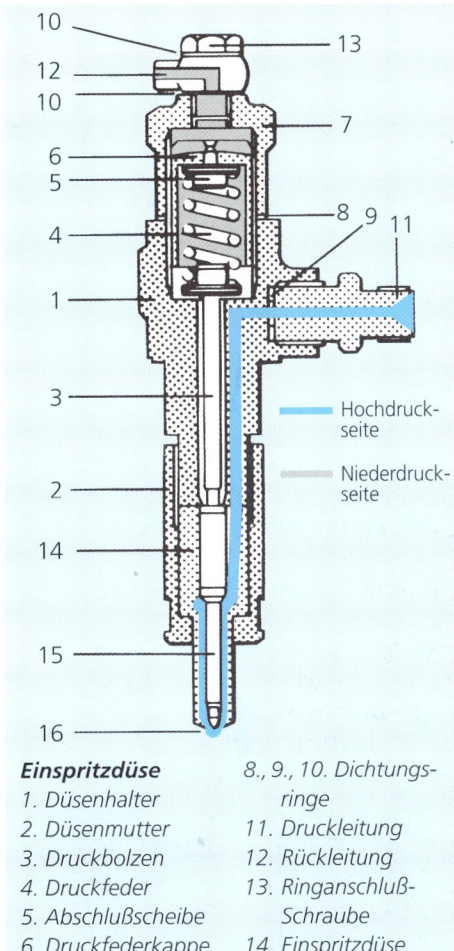

Hochdruck-
seite

Niederdruck-
seite

Einspritzdüse
1. Düsenhalter
2. Düsenmutter
3. Druckbolzen
4. Druckfeder
5. Abschlußscheibe
6. Druckfederkappe
7. Druckeinstell-
   schraube

8., 9., 10. Dichtungs-
ringe
11. Druckleitung
12. Rückleitung
13. Ringanschluß-
    Schraube
14. Einspritzdüse
15. Düsennadel
16. Düsenöffnung

wasser abgegeben wird. Diese Hülse darf beim Ausbau der Düse auf keinen Fall beschädigt werden. Ansonsten kann Kühlwasser in den Zylinder gelangen. Das Ende der Einspritzdüse ist gegenüber dem Zylinderkopf abgedichtet, damit Luft oder Verbrennungsgase nicht passieren können. Muß eine Düse im Notfall gezogen werden, ist folgendes zu beachten: Die Düse vor dem Ziehen mit einem Maulschlüssel lockern. Keine Gewalt anwenden. Sauberkeit ist enorm wichtig.

Starthilfen

Die meisten Dieselmotoren brauchen beim Starten Hilfe. Bei einigen wird zusätzlicher Kraftstoff in die Verbrennungskammer gespritzt. Dadurch wird der Kompressionsdruck erhöht. In anderen Fällen hat die Einspritzpumpe eine Überbrückungseinrichtung, die eine Extraportion Kraftstoff zu den Düsen leitet. Viele Motoren besitzen Glühkerzen im Verbrennungsraum, um das Kraftstoff-Luft-Gemisch aufzuheizen und zu entzünden. Andere haben im Ansaugkrümmer eingebaute, elektrische Heizelemente, die die angesaugte Luft erwärmen. Dies ist manchmal mit einer Zuführung von zusätzlichem Kraftstoff in den Ansaugkrümmer kombiniert. Der Kraftstoff verbrennt im Ansaugkrümmer, wärmt den Motor auf und hilft beim Start.

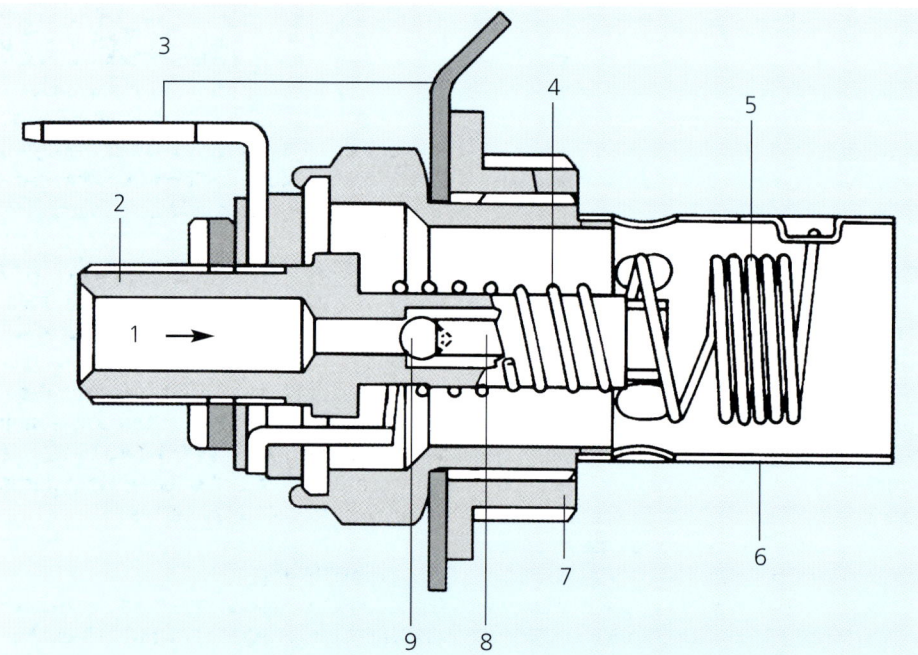

Dieser Lucas-Thermo-Start im Luftansaugstutzen erwärmt die Luft, bevor sie die Zylinder erreicht und unterstützt den Motorstart bei kaltem Wetter. Eine kleine Menge Kraftstoff gelangt über ein Kugelventil, das von einer Heizspirale geöffnet wird, in die Brennkammer und wird von einer elektrischen Zündspule entflammt.
1 Kraftstoffzuleitung. 2 Thermo-Start-Halter. 3 Elektroanschlüsse. 4 Heizspirale. 5 Zündspule. 6 Brennkammer. 7 Isolierbuchse. 8 Nadelventilhalterung. 9 Ballventil.

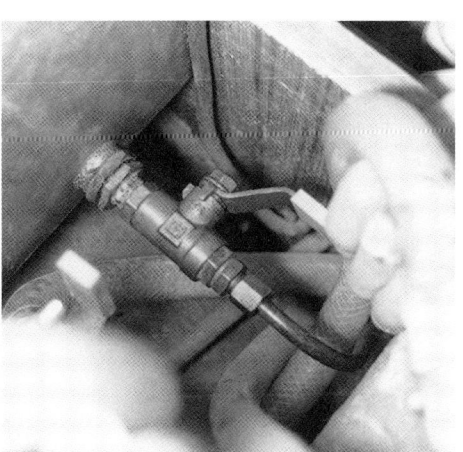

Der Kraftstofftank-Absperrhahn sollte so nah wie möglich am Tank, aber weit genug vom Motor entfernt liegen, um ihn im Falle eines Motorbrandes leicht erreichen zu können.

Ein Dekompressionshebel öffnet die Auslaßventile, damit man den Motor leichter mit der Hand anwerfen kann. Hat das Schwungrad genügend Schwung, stellt man den Dekompressionshebel zurück – und der Motor sollte anspringen.

Gelegentlich, insbesondere wenn der Motor alt ist, kann eine kleine Dosis Starthilfe, in den Luftansaugkrümmer gespritzt, helfen, ihn in Gang zu setzen. Einige Hersteller verbieten dies ausdrücklich, weil sich das Mittel im Auspuffsystem ansammeln und dort explodieren kann. Dann fliegt beim Start der Auspuff auseinander.

Viele kleinere Motoren haben einen Dekompressionshebel. Beim Handstart ist er unverzichtbar. Damit öffnet man die Auslaßventile im Zylinder und verringert die Kompression. So kann man den Motor mit der Hand schneller drehen und ein großes Drehmoment aufbauen. Legt man nun den Dekompressionshebel wieder zurück und schließt damit die Ventile, beginnt der normale Kompressionszyklus.

Eine Maschine startet im Sommer leicht ohne Starthilfe; springt sie aber nicht an, ist es besser, die Kaltstart-Prozedur durchzugehen und die Maschine schnell zum Laufen zu bringen, als mit vielen, vergeblichen Anläufen die Batterie leer zu fahren. Wenn ein Dieselmotor häufig bei sehr kalten Außen- und Innentemperaturen gestartet werden muß, sollte man dem Dieselkraftstoff Benzin beimischen, wie es in den Wintermonaten die Autofahrer in den nordischen Ländern machen.

Stoppeinrichtung

Kleine Motoren werden normalerweise durch das Schließen der Kraftstoffzufuhr an der Einspritzpumpe über einen Kabelzug mit einem Zugknopf im Cockpit abgestellt. Bei größeren Motoren findet man einen Magnetschalter, der von einem Druckschalter an der Instrumententafel ausgelöst wird und das Absperrventil betätigt. Für den Fall, daß in der elektrischen Leitung, dem Magnet oder den weite-

Kleine Motoren stellt man über einen einfachen Bowdenzug ab, der zum Stopphebel an der Einspritzpumpe führt und die Kraftstoffzufuhr unterbindet. Der hier abgebildete Motor besitzt einen Magnetschalter, der über einen Druckknopf an der Motorschalttafel im Cockpit betätigt wird und die gleiche Funktion erfüllt.

ren Teilen des Systems ein Fehler ist und der Motor nicht stoppt, sollte für diesen Notfall ein kurzes Stück Draht, Bändsel oder Kabel am Stopphebel befestigt sein, um ihn dort von Hand zu betätigen.

Sauberer Kraftstoff

Kraftstoff ist nie ganz frei von Fremdstoffen – selbst wenn er ohne viel Zwischenstationen angeliefert wird. Jeder Kraftstoff und alle Schmieröle sind bis zu einem gewissen Grade verunreinigt. Die Mineralölgesellschaften liefern Kraftstoff nach internationalem Reinheitsstandard; dennoch können auf dem Versorgungsweg der Lieferanten oder über die Kraftstoffleitungen an Bord Verunreinigun-

gen in den Kraftstoff gelangen. Dieselkraftstoff für Boote (allgemeine Bezeichnung bei den Bunkerstationen: Gasöl) unterscheidet sich für den Laien nicht von Dieselkraftstoff für Autos, der höhere Leistungsmerkmale besitzt. Normalerweise bringt es keine Probleme, den einen oder den anderen zu verwenden; hat man jedoch Zweifel, ob die eigene Maschine mit Dieselkraftstoff für Bootsmotoren läuft, sollte man beim Kraftstoffhersteller nachfragen.

Das Gasöl für Schiffsdiesel sollte bei der Raffinerie nach der Norm DIN EN 590 produziert worden sein. Der Auslieferer gibt Additive hinzu, die das Gasöl für zwei Temperaturbereiche verwendbar machen:

1. für Außentemperaturen über 0 °C,
2. für Außentemperaturen unter – 8 °C.

Gasöl für den ersten Bereich bekommt man in der Zeit von Mitte März bis September und für den zweiten Bereich zwischen Oktober und Mitte März. »Sommerdiesel« kann im Winter zu Problemen führen, weil er Additive »ausflockt« und somit die Filter oder Einspritzdüsen verstopft.

Gasöl kann in anderen Ländern nach anderen Standards gefertigt werden. Am besten bunkert man Kraftstoff bei bekannten Marken oder in der Übergangzeit an Autotankstellen. Der Kraftstoff für Autos wird in sehr kurzem Zeitraum von einem Temperaturbereich auf den anderen umgestellt.

Hoher Schwefelgehalt im Kraftstoff kann zu Problemen in der Maschine führen. Gute Motoröle enthalten einen Alkalizusatz, der die säurebildenden Komponenten, die beim Verbrennungsprozeß entstehen, neutralisiert. Deshalb müssen sie häufiger gewechselt werden. Riecht der Kraftstoff nach faulen Eiern, ist der Schwefelgehalt hoch.

Wassergehalt im Kraftstoff kann man leicht testen, indem man eine kleine Menge Kraftstoff in eine leere Blechkonserve gießt und anzündet. Sobald der Kraftstoff heiß wird, beginnt er zu knistern. Je stärker das Knistern, desto höher der Wassergehalt. Solchen Kraftstoff sollte man nicht verwenden.

Kraftstoffversorgung an Bord

Die meisten Verunreinigungen gelangen in den Kraftstoff beim Bunkern. Deshalb muß man die Umgebung des Tankverschlusses an Deck und den Deckel selbst sauber halten. Es darf kein Wasser in den Tank gelangen, und etwa alle fünf Jahre muß er komplett gereinigt, oder es müssen die letzten 10 – 15 Liter vom Tankboden, wo sich möglicherweise Wasser angesammelt hat, mit einer Pumpe herausgeholt werden. Wird das Boot den Winter über beispielsweise auf einem Vereinsgelände an Land gestellt, darf wegen der Brandgefahr kein Kraftstoff an Bord sein, auch nicht in den Tanks. Das gilt in noch strengerem Maße für in Hallen abgestellte Yachten.

Alle neuen Teile sind vor dem Einbau gründlich zu reinigen. Der Wegwerf-Feinfilter ist entweder gemäß den Instruktionen der Motorenhersteller oder gleichzeitig mit dem Motorölfilter zu tauschen – zwischen 50 und 200 Betriebsstunden.

Alle Verschraubungen im Leitungssystem sollten entweder Metall-zu-Metall- oder Gummi-zu-Metall-Dichtungen haben. Man sollte nie Kunststoffdichtungen aus PTFE-Band (bekannt unter den Handelsnamen Hostalen oder Teflon) oder verwandten Verbindungen benutzen. Absplitterungen können das System verstopfen oder wichtige Teile blockieren.

Für wichtige Verschraubungen werden vom Hersteller oft Drehmomente vorgeschrieben. Diese Empfehlungen sollte man auf jeden Fall beachten.

Um zu vermeiden, daß der Kraftstoff im Tank hin- und herschwappt und das Leitungssystem Luft zieht, sollte man den Tank immer gut gefüllt halten. Etwa 20% des Tankinhaltes ist die unterste Grenze, die lediglich als Notreserve gelten sollte.

Ganz wichtig ist es, zu vermeiden, daß Wasser in den Tank gelangt, zumal die kleine Vertiefung im Boden nur wenig Wasser aufnehmen kann. Jede Luft im Tank enthält Feuchtigkeit, die kondensiert und Tropfen bildet. Da Wasser schwerer ist als Dieselkraftstoff, sammelt sich das Wasser am Tankboden.

3. Luft

Der Motor braucht mehr Luft als Kraftstoff. Ist die Luftzufuhr nicht frei, läuft der Motor schlecht, vielleicht bleibt er sogar ohne ersichtlichen Grund stehen oder spuckt schwarzen Qualm aus.

Die Konstruktion für die Luftzufuhr muß so sein, daß genügend Luft für den Verbrennungsprozeß in den Motor gelangt und gleichzeitig kein Seewasser in das System eindringt – ein besonders schwieriges Kapitel bei schwerer See. Allgemein wird dies so gelöst, daß Lüftungsrohre mit großem Durchmesser von einem hochgelegenen Punkt im Cockpit ausgehen und mit Lüftungsschlitzen abgedeckt sind.

Der Ansaugluftfilter vor dem Luftstutzen am Motor besteht entweder aus einem einfachen Gazegeflecht in einem Behälter oder aus einem Papiereinsatz wie bei Automotoren. Gazefilter müssen einmal im Laufe der Saison gereinigt werden. Papierfilter sollten

Links oben und Mitte: Zum Wechseln des Luftfilters muß man zuerst den Deckel abnehmen. Den Filter kann man in Seifenwasser reinigen. Vor dem Einsetzen ist er gründlich zu trocknen. Das Drahtgeflecht auf Ablösungen kontrollieren, bei Beschädigungen ersetzen.

Darunter: Turbolader, von den Abgasen angetrieben, erhöhen die Luftzufuhr in die Zylinder. Dadurch verbessert sich die Leistung der Maschine.

Dieser Papierluftfilter muß ersetzt und kann nicht gereinigt werden. Dazu ist das Gehäuse einfach loszuschrauben. Der Filter kann überprüft werden, indem man mit einer starken Lichtquelle den Filter von innen her durchleuchtet. Verdreckte Stellen sind sofort zu erkennen.

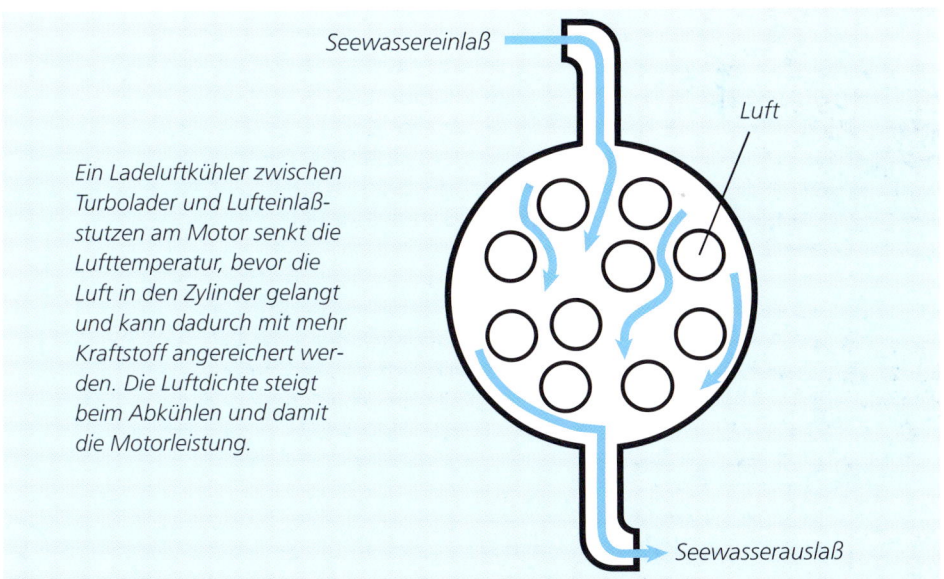

Seewassereinlaß

Luft

Ein Ladeluftkühler zwischen Turbolader und Lufteinlaßstutzen am Motor senkt die Lufttemperatur, bevor die Luft in den Zylinder gelangt und kann dadurch mit mehr Kraftstoff angereichert werden. Die Luftdichte steigt beim Abkühlen und damit die Motorleistung.

Seewasserauslaß

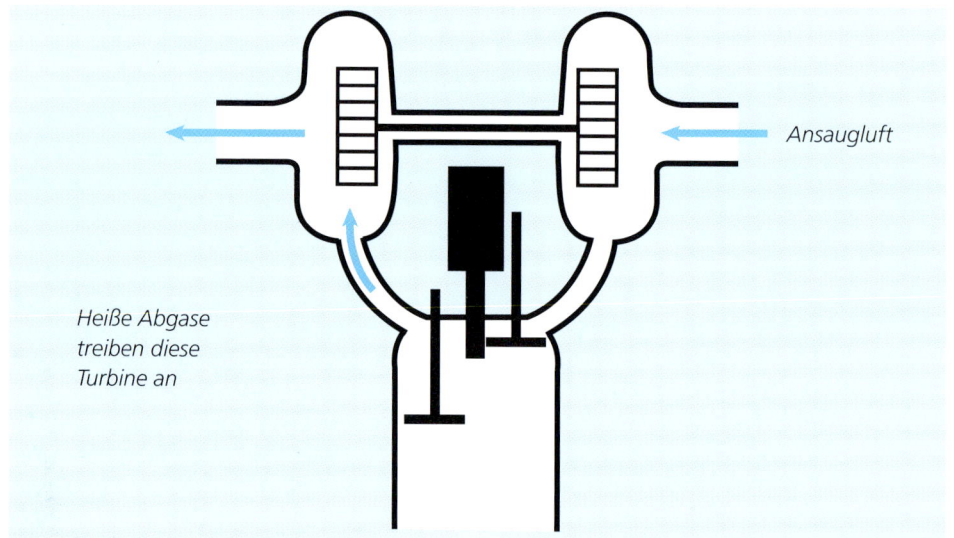

Ansaugluft

*Heiße Abgase
treiben diese
Turbine an*

entsprechend der Empfehlungen der Hersteller oder zugleich mit den Feinfiltern ausgetauscht werden.

Turbolader

Motoren mit herkömmlicher Ansaugluftzufuhr sind in der Regel für einen Luftdruck von 1013 mbar ausgelegt. Dabei wird die angesaugte Luftmenge beim Kompressionstakt auf den erforderlichen Druck gebracht. Die Konstruktion der Einlaßventile und die verzwickte Führung der Luftzufuhr sind jedoch vielfach der Grund dafür, daß die vollständige Aufladung des Kolbens gar nicht erreicht wird.

Turbolader verdichten die Ansaugluft und gleichen die Defizite aus. Ein Turbolader ist eine Turbine, die von dem Abgas, das aus dem Motor gedrückt wird, über eine auf gleicher Welle sitzende zweite Turbine angetrieben wird. Die Turbine im Ansaugkanal erhöht sozusagen den atmosphärischen Druck der angesaugten Luft – mit der Folge, daß beim

Arbeitstakt im Zylinder ein höherer Druck vorhanden ist. Das wiederum hat zur Folge, daß ein höheres Drehmoment aufgebaut wird und die Endleistung der Maschine steigt.

Da im Abgasbereich des Motors hohe Temperaturen entstehen, müssen bei der Konstruktion des Turboladers hochqualitative Materialien eingesetzt werden. Ebenso wichtig sind geeignete Schmiermittel für die Lager sowie spezielles, hochqualitatives Motoröl für diese Turbinen.

Ladeluftkühler

Die Erhöhung der Luftdichte kann man zum einen durch Kompression und zum anderen durch Temperatursenkung erreichen. Um einen Turbolader optimal auszunutzen, wird gelegentlich ein seewassergespeister Vor- oder Zwischenkühler zwischen Lader und Lufteinlaßstutzen geschaltet. Dieser kühlt die Luft vor Eintritt in den Motor und erhöht dadurch seine Leistung noch weiter.

4. Kühlung

Die Verbrennungstemperatur in einem Dieselmotor liegt etwa zehnmal höher als die Temperatur, die benötigt wird, um alle beweglichen Teile optimal in Gang zu halten. Ein Motor, der nicht gekühlt wird, verliert sehr schnell seine Leistung und kann sich komplett festfressen.

Es gibt drei Arten von Kühlsystemen, die das verhindern. Jedes hat für einen bestimmten Bootstyp Vorteile. Luftkühlung beispielsweise findet man vorzugsweise auf Kanalarbeitsbooten, bei denen die Seewasserleitungen leicht durch Unkraut verstopft werden. Das Prinzip ist einfach – und mit dem Lärm muß man sich halt abfinden.

Die drei Kühlarten für Dieselmotoren sind:
1. Luftkühlung
2. Direkte Seewasserkühlung
3. Zweikreis-Kühlung

Luftkühlung

Der größte Vorteil der Luftkühlung liegt darin, daß kein Wasser die Innenteile der Maschine korrodiert. Der Nachteil ist: Die Maschine braucht viel Platz für Umgebungsluft, damit sie sich nicht überhitzt. Die ausreichende Luftzirkulation ist schwer zu kontrollieren. Luftgekühlte Motoren sind sehr laut im Vergleich zu wassergekühlten. Da die Kanäle immer mehr zur Erholung genutzt werden, hat die Popularität von luftgekühlten Motoren zwangsläufig abgenommen.

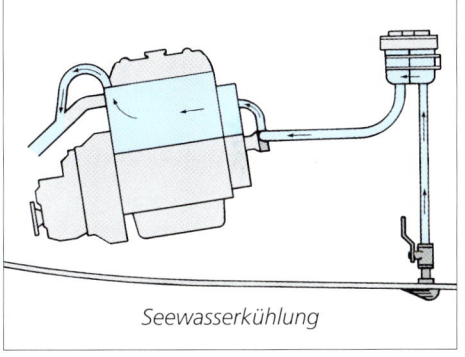

Seewasserkühlung

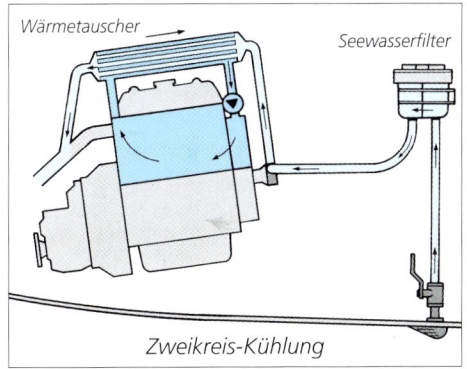

Zweikreis-Kühlung

Direkte Seewasserkühlung

Man findet sie grundsätzlich bei kleineren Motoren. Das Seekühlwasser wird von außenbords direkt zu dem Motor geleitet. Dort wird es durch die Hohlräume im Motorblock gepumpt, dann in den Auspuff und von dort wieder in die See. Ein einfaches

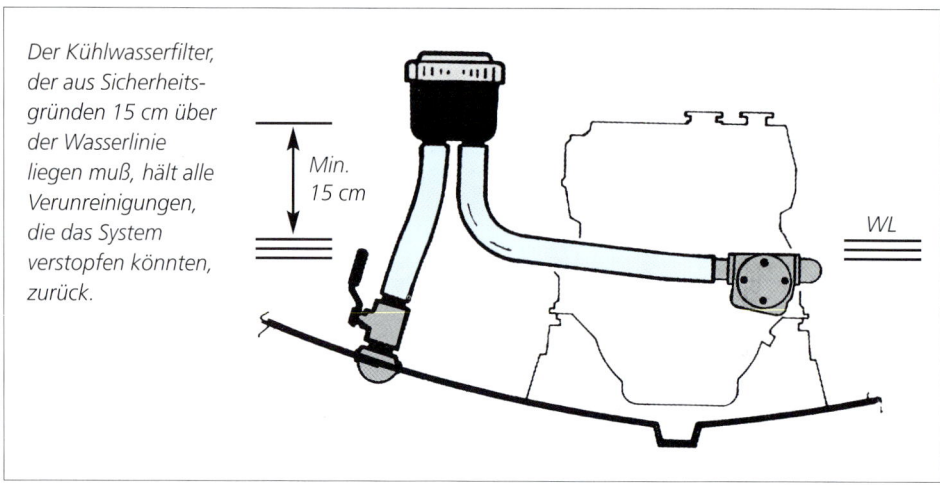

Der Kühlwasserfilter, der aus Sicherheitsgründen 15 cm über der Wasserlinie liegen muß, hält alle Verunreinigungen, die das System verstopfen könnten, zurück.

Min.
15 cm

WL

System. Ein leichter Vorteil liegt darin, daß Seewasser nicht so leicht im Motorblock gefriert und dort Schäden verursacht wie Frischwasser. (Dennoch kann das passieren, wenn die Lufttemperatur zu niedrig ist.) Der Hauptnachteil ist, daß die Wasserkanäle im Motor mit der Zeit korrodieren und durch Salzablagerungen oder andere Reste verstopfen. Dann ist eine aufwendige Zerlegung des Motors in Einzelteile und eine Grundüberholung fällig.

Zweikreis-Kühlung

Sie hat einen separaten, geschlossenen, inneren Wasserkreislauf mit einem Wärmetauscher. Das Motorkühlwasser ist normales Leitungswasser mit Frost- und Korrosionsschutzmittel und wird durch den Motorblock gepumpt. Seewasser strömt ohne Behinderungen durch einen Wärmetauscher, entzieht dem aufgewärmten Kühlwasser des inneren Kreislauf die Wärme und gelangt über den Auspuff außenbords.

Bei Motoren mit Zweikreis-Kühlung läßt sich die Temperatur grundsätzlich besser regulieren, da der Innenkreislauf über ein Thermostat kontrolliert wird. Solch ein Motor kommt zudem schneller auf Betriebstemperatur als ein Motor mit direkter Seewasserkühlung. Darüber hinaus sammeln sich im Innenkreislauf keine Verunreinigungen und Salzablagerungen an. Er kann leicht geleert, gefüllt und auf Stand gehalten werden. So wird keine größere Zerlegungsaktion des Motors notwendig. Den inneren Kreislauf sollte man möglichst nur mit kalkfreiem Leitungswasser füllen.

Die Mehrzahl der Stahlschiffe auf Kanälen und Flüssen benutzt ein Außenhaut-Kühlsystem. Ein im Rumpf integrierter Wassertank unter der Wasserlinie an der Außenhaut, also im Bereich des Kiels, dient als Wärmetauscher für den Innenkreislauf. So braucht man kein Seewasser zum Kühlen und hat keine Probleme durch unsauberes Wasser, Schlick oder Seegras.

Dreck, den man durch den durchsichtigen Deckel des Filters ausmachen kann, bremst den Wasserdurchfluß und kann zur Überhitzung des Motors führen. Zur Reinigung entfernt man den Deckel, nimmt das Sieb heraus und wäscht es aus.

Seewasserventile

Es gibt unterschiedliche Typen. Normalerweise sitzen sie direkt auf den Borddurchführungen. Geht man für längere Zeit von Bord oder muß man Wartungsarbeiten am Kühlwassersystem vornehmen, sollte man die Ventile schließen. Die gebräuchlichsten Ventile sind:

1. Schieberventile aus Messing, bei denen eine Platte über eine Schraubenspindel den Durchfluß versperrt. Sie neigen zur Schwergängigkeit, wenn sie nicht häufig genug benutzt werden. Bei zu häufigem Auf- und Zudrehen nutzen andererseits die Dichtungen ab und müssen erneuert werden.
2. Kugelventile aus Messing oder Kunststoff, deren Verschluß im Inneren ein Ball mit Bohrung ist. Wenn sie auf Durchlauf geschaltet werden, kann das Wasser passieren. Der Hebel braucht nur um 90° gedreht zu werden. An der Hebelstellung läßt sich leicht ablesen, ob das Ventil geöffnet oder geschlossen ist: Steht er in Richtung der Leitung, ist es geöffnet.
3. Konische Seeventile arbeiten nach dem gleichen Prinzip wie die Kugelventile – mit dem einzigen Unterschied, daß sie statt der Kugel einen konischen Stopfen haben. Bei einer Drehung von 90° schließt bzw. öffnet der Durchlaß.

Kühlwasserfilter

Dieser Siebfilter kann mit dem Einlaßventil eine Einheit bilden oder ist separat angebracht. Er soll verhindern, daß grober Schmutz in die Seewasserkühlung gerät.

Separater Kühlwasserfilter

Er muß 150 mm über der Wasserlinie angebracht werden und hat normalerweise einen durchsichtigen Plastikdeckel, damit man die

Damit das Kühlsystem gut funktioniert, sollten die Schläuche keine Kinken und große Durchmesser haben, möglichst mit je zwei Schlauchklemmen befestigt und lang genug sein, um die Motorvibrationen abzufangen. Rechts oben der Seewasserfilter und darunter am Motor die Impellerpumpe.

Ablagerungen und bei laufendem Motor den Wasserdurchlauf optisch kontrollieren kann. Das Filtersieb kann zur Reinigung herausgenommen werden; jedoch nicht, wenn der Motor läuft – es sei denn, es ist eine Doppelfilteranlage vorhanden.

Schläuche

Ein Schlauch mit zu kleinem Innendurchmesser behindert den Wasserzulauf zum Motor. Das letzte Stück zwischen dem Seeventil und der Wasserpumpe am Motor muß wegen der Motorvibrationen flexibel sein. Beide Enden sollten zur Sicherheit mit je zwei Schellen befestigt werden. Der Schlauch muß lang genug sein, damit der Motor durch seine Bewegungen nicht am Schlauch und den Verbindungen zerrt.

Spezielle Wasserschläuche sind aus einem anderen Material als Kraftstoffschläuche und werden vom Wasser nicht chemisch angegriffen. Gartenschläuche eignen sich nicht, weil sie leicht Kinken bilden und somit den Wasserdurchfluß reduzieren. Als Folge kann die Maschine überhitzen. Die für die Kühlung verwendeten Wasserschläuche sind deshalb mit Drahtspiralen verstärkt, die das verhindern. Der Schlauch sollte vor Schamfielen geschützt und bis zur Höhe der Wasserlinie feuerresistent sein.

Kühlwasserpumpen

Früher waren diese Pumpen ausnahmslos Kolbenpumpen, die vom Motor über eine Nockenwelle angetrieben wurden. Heute findet man derartige Pumpen nur noch selten, die meisten sind Rotationspumpen mit einem Impeller aus Gummi.

Impellerpumpen

In dem runden Pumpengehäuse dreht sich ein Gummi-Impeller mit Flügeln (normalerweise aus Neopren), der über den Pumpenkeil, der das Pumpengehäuse zwischen dem Ein- und Auslaß verengt, eine starke Saugwirkung erzeugt. Die Pumpe wird über ein Stirnrad oder eine Kette angetrieben. Der drehende Impeller zieht vor dem Pumpenkeil das Wasser an und drückt es danach aus dem Auslaß heraus. Funktioniert die Pumpe einwandfrei, braucht sie nicht inspiziert zu werden.

Impeller aus Neopren in der Seewasserpumpe müssen ausgetauscht werden, wenn die Pumpe trockengelaufen ist oder die Flügel durch Sand oder Verunreinigungen beschädigt wurden. Der Ersatzimpeller sollte vor dem Einbau mit Vaseline eingestrichen werden.

Die Funktionstüchtigkeit der Pumpe ist abhängig von der Elastizität der Impellerflügel und somit von der engen Führung der Flügel in dem Pumpengehäuse. Läuft die Pumpe trocken, reiben sich die Flügel an dem Gehäuse; sie werden heiß und lösen sich auf. Wird der Motor längere Zeit nicht benutzt, wie beispielsweise im Winterlager, sollte man vor einer erneuten Inbetriebnahme den Impeller herausnehmen und die Flügel auf Bruchstellen untersuchen. Sieht der Impeller zwar gut aus, hat aber bereits viele Betriebsstunden auf dem Buckel, sollte er ausgetauscht werden. Es ist wichtig, immer einen

Der Thermostat reguliert, abhängig von der Motortemperatur, durch Öffnen und Schließen, wieviel Kühlwasser in den Motorblock geleitet wird, damit die Betriebstemperatur konstant bleibt. Thermostate sind nicht zu reparieren.

Ersatzimpeller und Dichtungen an Bord zu haben. Ein gebrochener Impeller legt den Motor total lahm.

Die einfachste Art, einen Impeller auszutauschen, funktioniert mit einem verstellbaren Zangenschlüssel (Universalzange von Knipex, neu) oder mit einer Wasserpumpenzange, bei der die Greifflächen glatt geschliffen wurden. Bei der Benutzung von Schraubenziehern können der Impeller und die Stirnseite des Gehäuses beschädigt werden.

Damit sich der Impeller problemlos dreht, bevor das erste Wasser im Gehäuse ankommt, fettet man den Impeller und das Innere des Pumpengehäuses mit Vaseline ein. Heute erhält man die meisten Ersatz-Impeller vorgefettet, damit sie die ersten Minuten im Trockenlauf überstehen.

Eine Gummidichtung verschließt die Rückseite des Pumpengehäuses, damit kein Wasser an der Welle austritt; zum Motor hin wird

die Welle ähnlich abgedichtet, um den Austritt von Motoröl zu verhindern. Das Verbindungsstück zwischen diesen beiden Dichtungen hat eine kleine Abflußöffnung. Tritt dort Wasser oder Öl aus, muß die entsprechende Dichtung ersetzt werden. Austretendes Wasser hinterläßt unverkennbar eine Salzablagerung an der Ausflußöffnung.

Thermostat

Ein Motor sollte, damit er optimale Leistung bringt, immer mit der vorgeschriebenen Betriebstemperatur arbeiten. Dazu hält ein Thermostat die Kühlwassertemperatur in den vorgesehenen Grenzen. Er regelt die Kühlwassertemperatur im Motor durch Öffnen und Schließen eines Ventils. Die Zirkulation des Kühlwasserkreislaufes wird in Gang gesetzt, wenn die Temperatur steigt und reduziert bzw. unterbrochen, wenn die Temperatur fällt. Der Thermostat ist von seiner Konstruktion her ein mit Paraffin gefüllter Zylinder, der sich ausdehnt, wenn die Temperatur steigt. Bei einer bestimmten Temperatur öffnet sich das Ventil und läßt Wasser in den Kühlwasserkreislauf strömen. Eine kleine Öffnung in dem Thermostat dient dazu, daß aus Sicherheitsgründen immer eine kleine Menge Wasser an dem Ventil vorbeiströmt.

Die Öffnungstemperatur eines Thermostates ist normalerweise festgelegt. Bei seewassergekühlten Motoren liegt sie bei 45 – 50 °C, bei Motoren mit Zweikreis-Kühlung bei 79 – 85 °C. Ein Thermostat kann überprüft werden, indem man ihn in einem Kochtopf mit heißem Wasser erhitzt und die Temperatur mit einem Thermometer überprüft. Bei Temperaturen zwischen 40 – 50 °C muß der Thermostat beginnen, sich auszudehnen.

Es ist nicht möglich, einen Thermostat zu justieren oder zu reparieren. Wenn er nicht

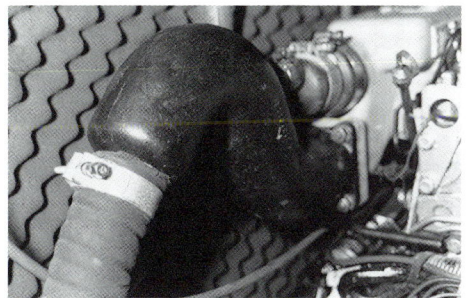

Der verbreitetste und feuersicherste Auspuff ist der »nasse« Auspuff, in den das Kühlwasser über den Auspuffkrümmer hineingespritzt wird. Wichtig ist, daß es nicht in den Motor zurückfließt.

einwandfrei arbeitet, muß er ausgetauscht werden. Läuft der Motor heiß, weil der Thermostat klemmt, kann er herausgenommen werden und die Maschine mit verringerter Umdrehungszahl ohne ihn laufen. Dabei wird

natürlich die vorgeschriebene Betriebstemperatur nicht ganz erreicht.

Es ist nicht immer leicht zu erkennen, in welche Richtung der Thermostat wirkt. Um ihn richtig einzusetzen, sollte man die Betriebsanleitung aufschlagen. Wird er nämlich falsch eingesetzt, öffnet er sich nicht, und die Maschine überhitzt.

Auspuffsysteme

Der normale Auspuff mit Wassereinspritzung besteht aus einem flexiblen, verstärkten Gummischlauch, der an dem Auspuffkrümmer am Motor angeschlossen wird und an der Spiegeldurchführung endet. Das Kühlwasser vom Motor oder vom Wärmetauscher wird in den Auspuffkrümmer geleitet und kühlt den Schlauch, bevor es mit den gleichzeitig gekühlten Auspuffgasen außenbords gelangt.

Sollte Kühlwasser über den Auspuff in die Zylinder des Motors zurückfließen, muß man

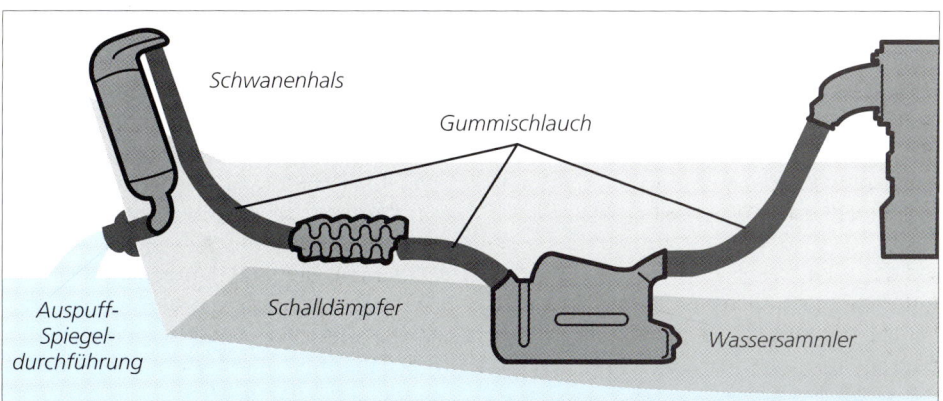

Schwanenhals

Gummischlauch

Auspuff-
Spiegel-
durchführung

Schalldämpfer

Wassersammler

Die Abgase mischen sich mit dem durch den Motorblock geleiteten Seewasser und werden gleichzeitig abgekühlt. Das Gleiche geschieht bei einem Zweikreis-Kühlsystem – nur mit dem Unterschied, daß das Seewasser vorher nicht durch den Motorblock selbst, sondern durch einen Wärmetauscher geführt wurde.

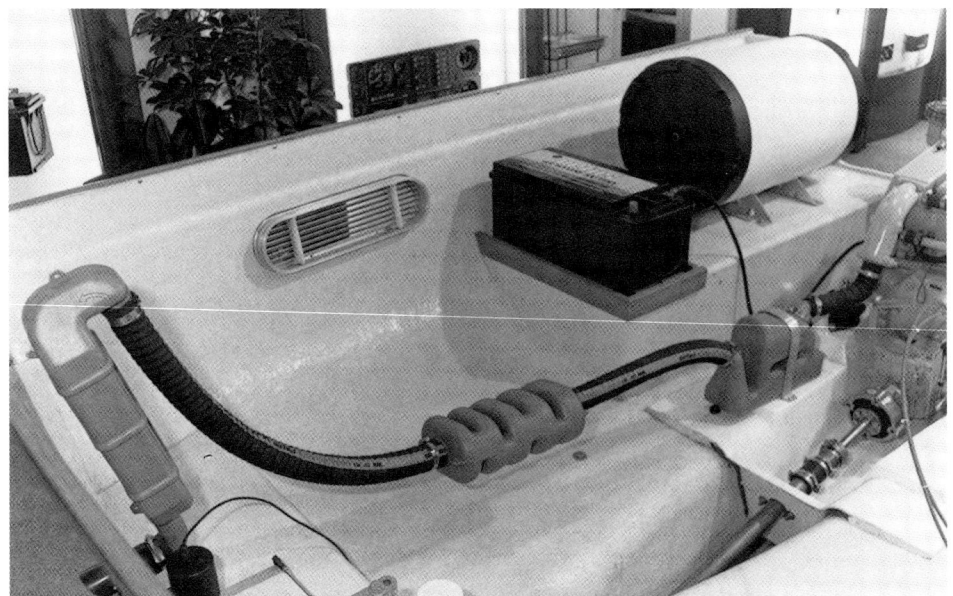

Hier kann man deutlich die Teile einer Auspuffanlage erkennen: Im Vordergrund der Schwanenhals, dann der Schalldämpfer und vor dem Motor der Wassersammler.

bald mit einem größeren Motorschaden rechnen. Um das zu vermeiden, ist eine Auspuffanlage nach dem Siphon-Prinzip angelegt. Vor der Spiegeldurchführung sitzt ein Schwanenhals, davor ein Schalldämpfer und hinter dem Motor ein Wassersammler. Diese Teile sind aus ABS-Kunststoff (Spritzguß).

Belüftungsventil

Ob ein Belüftungsventil notwendig ist, liegt an dem Einspritzpunkt des Kühlwassers in den Auspuff. Liegt dieser Punkt weniger als 15 cm oberhalb der Wasserlinie, besteht die Gefahr, daß Kühlwasser aus dem Wassersammler (Oberkante mindestens 15 cm unterhalb des Einspritzpunktes) durch Saugwir-

kung wieder in den Motor zurückfließt und ihn beschädigt. Es gibt zwei Belüftungsmöglichkeiten, die das verhindern: Zum einen ein Vakuumventil oder eine dünne Rohrleitung vom höchsten Punkt des Kühlwasserkreislaufs zum Schwanenhals oder direkt durch den Spiegel. Das Vakuumventil, das sich leicht mit Salzkristallen oder Schmutzteilchen verstopfen kann, muß regelmäßig, d.h. mindestens einmal im Jahr gereinigt werden. Von dem Belüfter ohne Ventil führt eine Belüftungsleitung mit Gefälle außenbords, aus der, wenn der Motor läuft, ein kleiner Wasserstrahl kontinuierlich strömt. Der Belüfter ist meistens ein Zusatz-Ausrüstungsteil, das aber sein Geld wert ist, bedenkt man die möglichen Schäden (blockierter Motor!).

Wassersammler

In diesem Behälter aus GRP-Plastik oder rost-freiem Stahl sammelt sich all das Wasser aus der Auspuffanlage, wenn der Motor abge-stellt wird. Zusätzlich mindert er die Auspuff-geräusche. Er muß unterhalb des Auspuff-krümmers am tiefsten Punkt der Auspuffan-lage liegen und groß genug sein, damit er das gesamte Wasser aus den Schläuchen auf-nehmen kann. Wichtig ist eine Ablaßschrau-be am Boden des Wassersammlers, um im Winter zu verhindern, daß das Wasser ge-friert und das Gefäß beschädigt.

Die Temperatur des Auspuffgases eines Motors kann sehr hoch werden; bei einem Dieselmotor bis zu 600 °C. Wenn also der Wassersammler »trocken« wird, kann der Kunststoff schmelzen, obgleich das Material relativ hohe Temperaturen verträgt. Die Fol-gen wären: Auspuffgase treten aus, verbrei-ten sich unter Deck, Teile können in Brand geraten und am Ende das Boot in Flammen aufgehen lassen. Ob jemand ein Auspufftem-peratur-Alarmsystem mit Sensoren am Aus-puffschlauch, Wassersammler oder Schall-dämpfer einbaut oder sich von Zeit zu Zeit optisch vergewissert, ob Kühlwasser an der Spiegeldurchführung des Auspuffs austritt, ist eine Frage der Sicherheitsphilosophie.

Schwanenhals

Seewasser, das bei nachlaufender See in den Auspuff gedrückt wird, kann katastrophale Folgen haben. Das Auspuffrohr sollte vor der Spiegeldurchführung als Schwanenhals kon-struiert sein. Die Oberkante des Schwanen-halses sollte so weit wie möglich über der Wasserlinie liegen. Das Auspuff-Endrohr am Spiegel sollte zusätzlich oder alternativ mit ei-ner Klappe versehen sein, die bei hoher ach-terlicher Welle das Eindringen von Wasser in

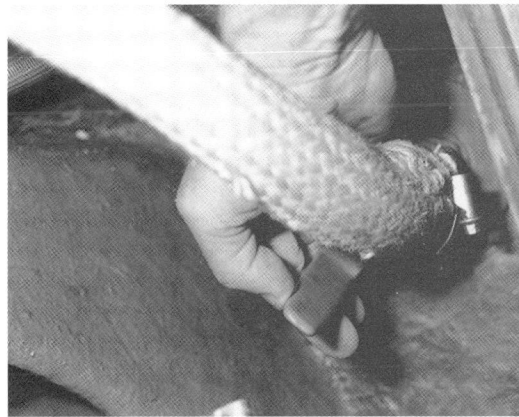

Wird eine Maschine zu heiß, sollte man sofort die Stellung des Seewasserventils kontrollieren. Der Hebel muß parallel zum Schlauch liegen. Bei einem Motorbrand kann es wichtig sein, daß dieser Schlauch isoliert ist.

Zur regelmäßigen Kontrolle des Kühlwasser-standes im Ausgleichsbehälter öffnet man den Verschlußdeckel und füllt bei Bedarf Wasser oder Frostschutzmittel nach, bis es den in die Öffnung gehaltenen Finger erreicht. Das System kann entleert werden, indem man den Ab-laßhahn am Motorblock öffnet.

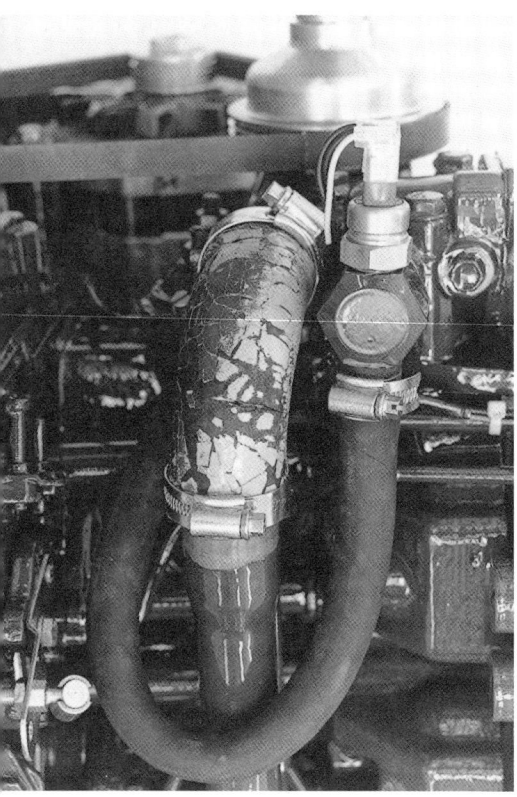

Wasserschläuche werden mit der Zeit brüchig und führen dazu, daß ein Motor mit Zweikreis-Kühlung überhitzt. Sie sollten nach 4–5 Jahren ausgetauscht werden. Rechts oben sieht man die Kontakte für die Motortemperatur-Anzeige.

die Auspuffanlage verhindert. Steckt man eine Gummikappe auf das Auspuff-Endrohr, sollte man auf keinen Fall vergessen, sie zu entfernen, bevor man den Motor startet.

Wärmetauscher

Wärmetauscher findet man bei Motoren mit Zweikreis-Kühlung. Das heiße Wasser in dem inneren Frischwasser-Kreislauf wird im Wärmetauscher an einem Bündel Rohre vorbeigeführt, durch das Seewasser gepumpt wird. Dabei wird dem Frischwasser Wärme entzogen und über den Seewasser-Kreislauf außenbords transportiert. Die Fließrichtung des Wassers in den beiden Kreisläufen ist gegenläufig. Wärmetauscher sollten nicht eher geöffnet werden, bis man einen klaren Beweis dafür hat, daß etwas defekt ist. Zur Wartung kann man ihn öffnen und die Teile reinigen. Am ehesten ist das Rohrbündel, durch das Seewasser gepumpt wird, verdreckt. Dabei ist sorgfältig darauf zu achten, daß man die Rohre beim Durchstoßen mit einem Reinigungsstab nicht beschädigt. Kalkablagerungen lassen sich mit einem Entkalkungsmittel für Kaffeemaschinen beseitigen.

Leckagen

Entdeckt man eine Leckage zwischen dem See- und Frischwasser-System, liegt die Schadstelle zumeist im Wärmetauscher. Die Dichtungen zwischen den beiden Systemen müssen eventuell erneuert oder die Schrauben fest angezogen werden. Da es sich um ein Wassersystem handelt, ist das Zerlegen oder Einsetzen neuer Dichtungen im allgemeinen problemlos. Eine undichte Stelle im Wärmetauscher wird offensichtlich, wenn bei laufender Maschine Wasser aus dem Überlaufrohr tropft, das normalerweise neben dem Verschluß- oder Nachfülldeckel des Frischwasser-Ausgleichsbehälters sitzt und unter dem Motor endet. Entfernt man das Rohr von der Verschlußkappe, kann man leicht ein Leck feststellen.

Seewasserkühlung
(oder: Direkte Kühlung)

Undichte Stellen im Einkreis-Kühlsystem mit Seewasser können sehr schnell und gründlich zu Korrosionen im Motor führen. Deshalb muß es daraufhin überprüft werden.

Die Gummischläuche altern schnell und verlieren ihre Flexibilität und Elastizität. Kleine Lecks in den Schläuchen können vorübergehend mit Isolierband und Schlauchklemmen abgedichtet werden.

Stabile Schlauchklemmen, die um den Gummischlauch einen gleichmäßigen Druck erzeugen, gibt es in allen Größen. In jedes Wartungsprogramm gehört die Kontrolle der Seewasserschläuche. Der Bruch des Seewasserschlauchs erhitzt den Motor innerhalb von drei Minuten von 65 °C auf 130 °C. Am Ende fressen sich die Kolben fest. Porös erscheinende Schläuche sollten deshalb sofort ausgetauscht werden.

Motoren mit Seewasserkühlung enthalten eine Zinkanode, auch »Zinkmaus« genannt, die im Motorblock steckt. Sie muß mindestens einmal im Jahr herausgedreht, überprüft und, falls sie zur Hälfte verbraucht ist, ausgetauscht werden.

**Zweikreis-Kühlsystem
(oder: Indirekte Kühlung)**

Jede Leckage in einem Zweikreis-Kühlsystem führt zu einer Überhitzung des Motors, wenn der Wasserinhalt in dem Ausgleichgefäß zu weit absinkt. Die Verbindungsschläuche müssen regelmäßig auf Dichte überprüft und gegebenenfalls sofort ausgetauscht werden. Gleichzeitig muß der Zustand der plangeschliffenen Anschlußstutzen aus Bronze und Stahl überprüft werden. Sie können durch Elektrolyse beschädigt oder durch zu strammes Anziehen der Schrauben Risse aufweisen.

Lecks im Inneren des Kühlsystems sind nur schwer zu entdecken, allenfalls durch langsame Veränderung der Betriebstemperatur bei bestimmter Umdrehungszahl des Motors. Das Wasser mischt sich mit dem Öl und verursacht ernsthafte Schäden am Motor, wenn dies nicht rechtzeitig erkannt wird.

Dichtungsmaterial

Zum Abdichten von Anschlüssen mit Gewinde eignet sich Dichtungsband aus PTFE. Um den Dichtungseffekt unter Schlauchklemmen zu erhöhen, kann man Dichtungsmasse verwenden. Dazu streicht man sie auf den Anschlußstutzen, nicht auf die Innenseite des Schlauches.

So vermeidet man, daß abgeschabte Teile ins System gelangen.

5. Schmierung

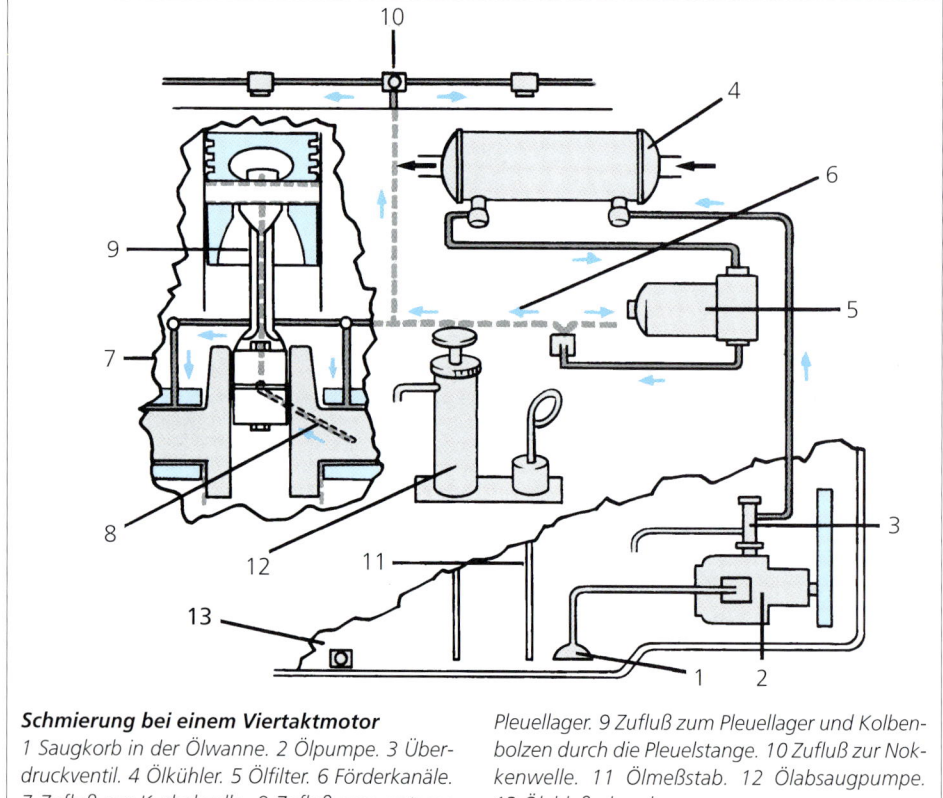

Schmierung bei einem Viertaktmotor
1 Saugkorb in der Ölwanne. 2 Ölpumpe. 3 Über-druckventil. 4 Ölkühler. 5 Ölfilter. 6 Förderkanäle. 7 Zufluß zur Kurbelwelle. 8 Zufluß zum unteren *Pleuellager. 9 Zufluß zum Pleuellager und Kolben-bolzen durch die Pleuelstange. 10 Zufluß zur Nok-kenwelle. 11 Ölmeßstab. 12 Ölabsaugpumpe. 13 Ölablaßschraube.*

Motoröl dient als Trennmittel zwischen den beweglichen Teilen und mindert deren Verschleiß. Normalerweise wird es über eine Pumpe im Motor verteilt, bevor es sich wie-

der in der Ölwanne ansammelt. Bei einigen langsam laufenden Motoren findet man eine Schleuderschmierung. Bei diesem System wird – wie der Name bereits sagt – das Öl zu

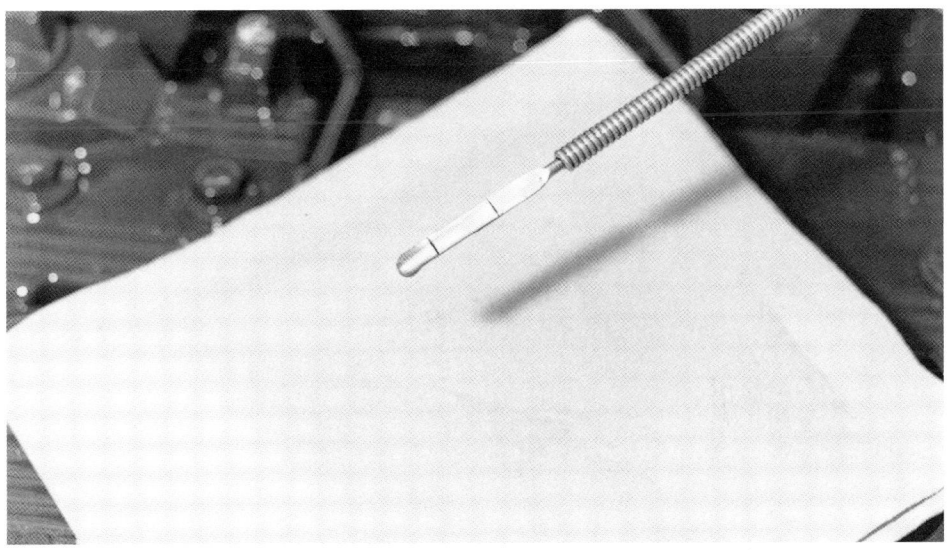

Die vorgesehene Ölmenge im Motor wird anhand der beiden Markierungen auf dem Meßstab kontrolliert. Die Ölfarbe sagt viel über den Gesundheitsstand des Motors und den Verschleiß im Motor aus. Das Motoröl wird aufgrund der Additive mit der Zeit schwarz. Ist das Öl grau, ist Wasser im Motor.

den Lagern, Bohrungen usw. geschleudert, wenn sich der Motor dreht.

Bei einem Öldrucksystem fließt das Öl normalerweise von der Pumpe über Bohrungen, die entweder beim Guß des Motorblocks ausgespart oder später ausgebohrt wurden, zu den Lagern.

Die Ölmenge, die für einen Motor vorgesehen ist, muß in den vorgeschriebenen Grenzen gehalten werden. Nicht zu viel und nicht zu wenig. Die Toleranz ist auf dem Meßstab markiert.

Ölpumpen

Diese Pumpen, die einen ständigen Druck erzeugen, werden direkt von der Maschine angetrieben. Ihre Förderleistung richtet sich nach der Umdrehungszahl des Motors. Die inneren Teile sind in sehr kleinen Toleranzen mit paßgenauen Anschlußteilen gefertigt. Zumeist sind es von der Nockenwelle angetriebene Zahnradpumpen, die keine Riefen und keinen Verschleiß vertragen, wenn sie ihre Effektivität nicht verlieren sollen. Ihr Leistungsabfall wird deutlich, wenn bei geringer Umdrehungszahl der Öldruck soweit absinkt, daß die Öldruckanzeige aufleuchtet. Das bedeutet, der Öldruck liegt unter dem vom Hersteller vorgeschriebenen Minimum.

Saugkorb in der Ölwanne

Dieser Saugkorb soll in erster Linie die Pumpe davor schützen, daß Schraubenmuttern oder Bolzen, die sich gelöst haben, angesogen werden. Der Korb befindet sich ganz tief in der Ölwanne und ist über eine Stahlrohrleitung mit der Pumpe verbunden.

Überdruckventil

Der Öldruck im Motor wird bestimmt durch die Reibungsverluste im Ölkreislauf. Die Obergrenze bestimmt ein eingebautes Überdruckventil. Es besteht aus einem Preßstempel mit Druckfeder, der sich je nach Bedarf öffnet, damit nicht benötigtes Öl über einen Bypass vom Auslaß- zum Einlaßstutzen der Pumpe fließen kann, oder, wenn der Druck erreicht ist, alles Öl in die Ölwanne leitet. Kann das Ventil aufgrund von Verschmutzungen nicht mehr richtig schließen, fließt ständig Öl an der Pumpe vorbei. Folglich baut sich der vorgesehene Arbeitsdruck nicht auf.

Ölfilter

Der Ölfilter sorgt dafür, daß das Öl, das zu den beweglichen Teilen und Lagern geleitet wird, sauber ist. Die Qualität der Filtrierung wird vom Motorhersteller festgelegt. Aus diesem Grunde legt er die Ölwechselintervalle fest.

Die Filterkartuschen, die für einen bestimmten Arbeitsdruck ausgelegt sind, können mit einem Rückschlagventil und einem Bypass zur Sicherheit vor eventuellen Verstopfungen versehen sein. Man sollte nur die vom Hersteller empfohlenen Ersatzfilter verwenden.

Das Rückschlagventil verhindert, daß beim Stoppen des Motors alles Öl aus den Lagern in die Ölwanne zurückfließt und sorgt somit dafür, daß sich der Druck beim Anlassen sofort aufbaut.

Das Motoröl reinigt die Maschinenteile und nimmt alle Ablagerungen sowie den Abrieb von Metallteilen mit. Das meiste setzt sich in der Ölwanne ab; kleine Partikel, die in dem Öl bleiben und die Pumpe passieren, werden im Ölfilter gesammelt.

Der Filter – heute zumeist eine komplette Austauschkartusche wie beim Auto – sollte bei jedem Ölwechsel ausgetauscht werden. Dazu muß der Motor auf Betriebstemperatur gebracht werden. Früher saß in dem Filter ein Wegwerf-Filter-Einsatz. Der Filter ist leicht mit einem Spannschlüssel oder einer Kettenrohrzange loszuschrauben.

Bei genügend Platz zum Greifen und mit Vorsicht (Die Betriebstemperatur liegt bei 80 – 90 °C!) kann man den Filter mit den Händen losdrehen. Dazu legt man ein Blatt Schmirgelpapier um den Filter. Eine andere Lösung ist: Man legt eine große Schlauchklemme um den Filter, zieht sie so fest wie möglich und schlägt mit dem Hammer auf die Klemmschraube, bis sich der Filter dreht.

Nach Möglichkeit füllt man den Filter vor der Montage mit frischem Öl, vergewissert sich, daß der Dichtring richtig sitzt, dreht den Filter so weit an, daß der Dichtring gerade zusammengedrückt wird und erledigt den Rest mit den Händen und einem Stück Schmirgelpapier. Vor dem Anlassen der Maschine dreht man sie bei abgesperrter Kraftstoffpumpe mit der Handkurbel oder dem Anlasser ein paarmal durch, damit sich das neue Öl im Motor verteilt und Filter und Kanäle füllt. Später sollte man, wenn die Maschine läuft, den Sitz des Filters kontrollieren.

Motoröl

Das Motoröl, das zur Schmierung verwendet wird, ist ein hochentwickeltes Produkt. Dieselmotoren benötigen ein qualitativ höheres Öl als Benzinmotoren. Der Grund dafür ist:

1. Der Betriebsdruck ist in Dieselmotoren höher.
2. Die Betriebstemperaturen können höher liegen.
3. Die chemische Belastung ist bei Selbstzündern härter.

Der Anteil von Basisöl liegt bei Motoröl für Dieselmotoren bei etwa 75%, den Rest machen Additive aus, die das Leistungspotential des Öls bestimmen. Additive sind:

1. Reinigungsmittel, die die Motorinnenräume sauber halten.
2. Anti-Verschleißmittel, die die Lebensdauer von Verschleißteilen erhöhen, insbesondere die gesamte Ventilanlage.
3. Oxidation-Verzögerungsmittel, das bei Betrieb der Maschine den Abbauprozeß des Öls herabsetzt.
4. Anti-Schaumzusatz
5. Viskosität-Verbesserer, die das Öl bei niedrigen Außentemperaturen flüssig und bei hohen dickflüssig genug halten.
6. Alkalinezusatz, der die säurehaltigen Verbindungen, die bei dem Verbrennungsprozeß entstehen, neutralisiert.
7. Antirußmittel zum Schutz des Motors.

Es gibt verschiedene Verfahren, die Viskosität von Schmierölen festzulegen. Eine der verbreitetsten Bezeichnungen ist SAE (US Society of Automotive Engeneers). SAE 10W30 ist eine typische Bezeichnung für Winteröl bei niedrigen Temperaturen; SAE 15W40 bezeichnet dagegen Sommeröl.

Eine Standardmethode, Motoröl für Dieselmotoren zu klassifizieren, ist API (American Petroleum Institute) mit den Bezeichnungen CA bis CE. Öl mit höchster Qualität hat die Bezeichnung API CE. Mit SA bis SG werden Motoröle für Benzinmotoren eingeteilt.

Qualitätsstandards in Europa werden vom CCMC (Comité des Constructeurs d'Automobiles du Marché Commun) festgelegt. Ein typisches Motoröl hat die Bezeichnung D4 oder D5, für PKWs PD2. D2 ist für Hochleistungs-Dieselmotoren.

Öle mit niedriger Klassifikation kann man problemlos mit Ölen höherer Klassifikation auffüllen. Es ist ganz wichtig, in den Betriebsanleitungen nachzulesen, welche Viskosität und Ölmenge der Motorhersteller vorschreibt. Einige empfehlen Standard-Autoöl sowohl für die Maschine als auch fürs Getriebe oder werben für ihre eigenen Produkte.

Mischen von Öl unterschiedlicher Qualität

Motoröle kann man mit Ölen unterschiedlicher Klassifikation mischen.

Motoren haben sehr unterschiedlich lange Wartungsintervalle – je nach Einsatz und Ladedruck der Motoren. Motoren mit Turbolader haben kürzere Wartungsintervalle als Motoren mit niedrigem Ladedruck. Dementsprechend ist die Anforderung an die Motoröl-Qualität: Je kürzer die Wartungsintervalle, desto höher die Motoröl-Qualität.

Motoren mit normaler, gering verdichteter Ansaugluftzufuhr brauchen für ihre Arbeit nicht so hochwertiges Motoröl, um die Zylinder mit Öl zu überziehen und Abrieb zu vermeiden. Das kann allerdings zur Folge haben, daß sie mehr Öl verbrauchen. Bei einem neuen oder überholten Motor sollte man den Rat des Fachmannes einholen.

Wird Motoröl mit hohem Schwefelgehalt verwendet, muß das Motoröl häufiger gewechselt werden.

Ölgesellschaften unterhalten einen Service für Ölanalysen und bestimmen den Verbrauchszeitraum und die Leistungsfähigkeit beim Verbrennungsvorgang.

Nach der Erfahrung des Buchautors bekommt man bei den Autotankstellen nur hochwertiges Motoröl für Dieselmotoren. Andere Läden, in denen man Öl kaufen könnte, sind zumeist sehr weit vom Hafen

Ölwechsel

1. Motor auf Betriebstemperatur bringen und abstellen.

2. Man läßt das Öl über die Ablaßschraube am Boden der Ölwanne in einen Behälter ab oder saugt mit einer festinstallierten Ölabsaugpumpe das Öl aus dem Ölsumpf. Verwendet man eine Handpumpe, die durch die Meßstabbohrung eingeführt werden muß, ist darauf zu achten, daß das Ansaugrohr bis zum Boden der Ölwanne reicht.

3. Der alte Ölfilter wird entfernt, der neue mit Motoröl gefüllt und so fest wie möglich mit der Hand angezogen. Zuvor reibt man den Dichtungsring mit einigen Tropfen Öl ein.

4. Der Motor wird bis zu den Markierungen auf dem Meßstab mit frischem Öl gefüllt.

5. Den Motor eine kurze Weile laufen lassen, dann abstellen, den Ölstand kontrollieren und den Filter nachspannen.

Wichtig: Übergelaufenes oder aufgefangenes Öl muß an Land bei den bekannten Ölsammelstellen entsorgt werden, auf keinen Fall auf See, Fluß oder Kanal.

Getriebe

Einige Motoren sind so konstruiert, daß sie das Motoröl mit dem Getriebe gemeinsam benutzen. Bei anderen sind die Systeme getrennt. Bei dem mechanischen Wendegetriebe wird normalerweise Hypoid- oder ATF-Öl verwendet. (ATF = Automatic Transmission Fluid)

In jedem Fall sollte man sich bei dem Motor- oder Getriebehersteller erkundigen, welche Ölsorte zu verwenden ist.

Die Erwärmung des Getriebes geschieht aufgrund des Drucks, den die Welle auf das Lager am Wellenflansch ausübt. Damit das Öl seine Viskosität durch Überhitzung nicht verliert und die Leistung des Getriebes nicht sinkt, muß das Öl gekühlt werden. Dazu dient in der Regel ein Ölkühler, der mit Seewasser aus dem Motorkühlkreislauf versorgt wird.

Man sollte immer sauberes Getriebeöl verwenden, weil keine Filter in dem System sind. Der notwendige Ölstand ist an einem Peilstab oder einem Füllstopfen abzulesen. Man muß unbedingt darauf achten, daß der Plastikschlauch an dem Ölbehälter nicht auf Nimmerwiedersehen ins Getriebe fällt. Ein Trichter ist die Lösung.

oder der Küste entfernt. Deshalb sollte man, wenn man einen langen Törn plant, soviel Motoröl und Ölfilter mitnehmen, wie man für die vorgesehene Reise braucht. Dann kommt man nicht in die Gefahr, die vorgeschriebenen Ölwechsel-Intervalle hinausschieben zu müssen oder Motoröle zu verwenden, über die man sich nicht ganz sicher ist.

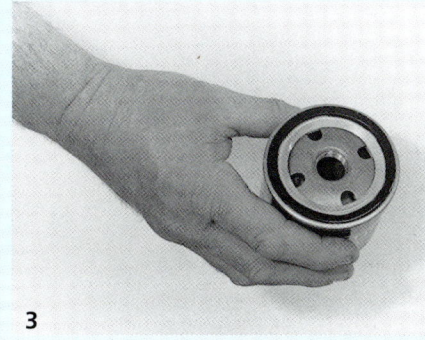

Ölwechsel (Fotos im Uhrzeigersinn)

1. Ölabsaugen mit einer festinstallierten Pumpe – bei einer 30 PS-Maschine ca. 3,5 Liter.
2. Mit einem Spannbandschlüssel läßt sich leicht der Ölfilter lösen. Eine vielleicht notwendige, aber nicht saubere Methode ist, einen Schraubenzieher quer durch den Filter zu stechen und ihn dann mit Gewalt zu drehen.
3. Eine Plastiktüte fängt den Großteil des tropfenden Öls auf. Der Filter wird mit neuem Öl gefüllt, und der Dichtungsring wird mit etwas Öl eingerieben.
4. und 5. Ist neues Öl eingefüllt, läßt man den Motor eine kurze Zeit laufen, stellt ihn ab und kontrolliert den Ölstand. Das alte Öl und der alte Filter müssen entsorgt werden.

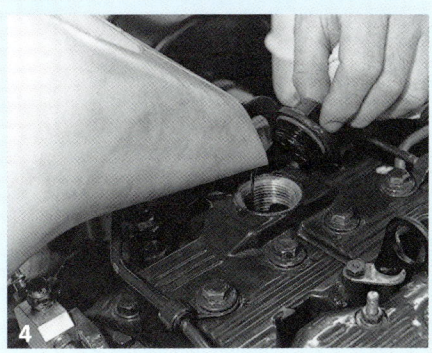

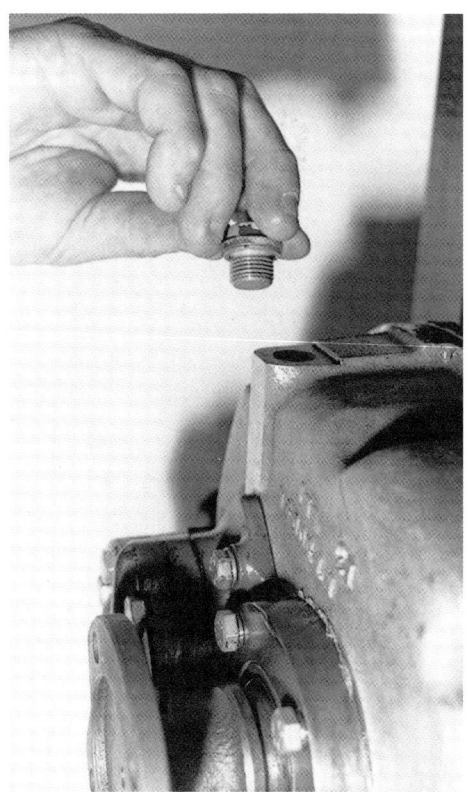

Das Getriebe hat einen eigenen Peilstab. Häufig wird das gleiche Öl wie für den Motor verwandt. Das Getriebeöl wird jedoch im Betrieb nicht gefiltert. Es schmiert nicht nur, sondern transportiert zudem die Wärme in einen Wärmetauscher.

Übergelaufenes Öl und mit Öl verschmutztes Wasser in der Bilge darf auf See und Kanälen auf keinen Fall außenbords gepumpt werden. Das ist eine grobe Umweltverschmutzung und kann für den Verursacher ein böses Nachspiel haben. Die meisten Marinas haben Entsorgungsstationen, und die sollten benutzt werden. Zum Auffangen geringer Mengen Motoröl in der Bilge dienen Ölaufsaugtücher oder -kissen.

Gesundheit

Man sollte sich bei Arbeiten mit Öl angewöhnen, den Hautkontakt damit zu vermeiden. Verschmutztes Motoröl enthält Verbrennungsrückstände, die stark giftig sind. Deshalb sollte man beim Öl- oder Filterwechsel Handschuhe anziehen.

6. Elektrik

Ein Dieselmotor hat zwar keine Zündkerzen, dennoch braucht er wie die meisten Motoren ein Elektrosystem, das bei Bedarf den Motor in Gang setzt und alle elektrischen Geräte an Bord, wie z.B. Positionslichter, mit Strom versorgt. Hat man einen Anlasser, braucht man auch dafür schon eine Lichtmaschine, die Strom erzeugt, eine Batterie, die elektrische Energie speichert und eine Reihe von Steuer- und Kontrollgeräten. Sinnvollerweise fangen wir mit dem Anlaßsystem an.

Der Anlasser und das Relais

Das Startsystem umfaßt zwei Teile: den Anlasser selbst und das Relais.

Das selbständig arbeitende Schaltrelais ist wichtig, weil die starken elektrischen Ströme, die von der Batterie zum Anlasser geleitet werden, für das Zündschloß zu groß sind. Wenn der Schlüssel gegen den Federdruck in die Startposition gedreht wird, schließt das Schaltrelais den Hauptstromkreis von der Batterie zum Motor.

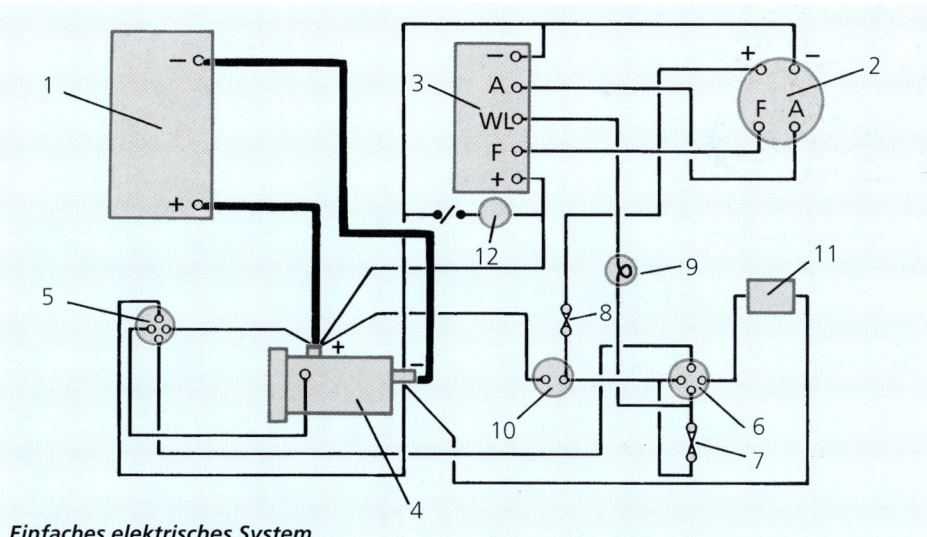

Einfaches elektrisches System
1 Batterie. 2 Lichtmaschine. 3 Regler (norma-lerweise integriertes Bauteil der Lichtmaschine). 4 Anlasser. 5 Starterrelais. 6 Vorglühschalter/ *Zündschalter. 7 Sicherung. 8 Lichtmaschinen-Sicherung. 9 Warnlampe. 10 Amperemeter. 11 Starthilfe. 12 Voltmeter.*

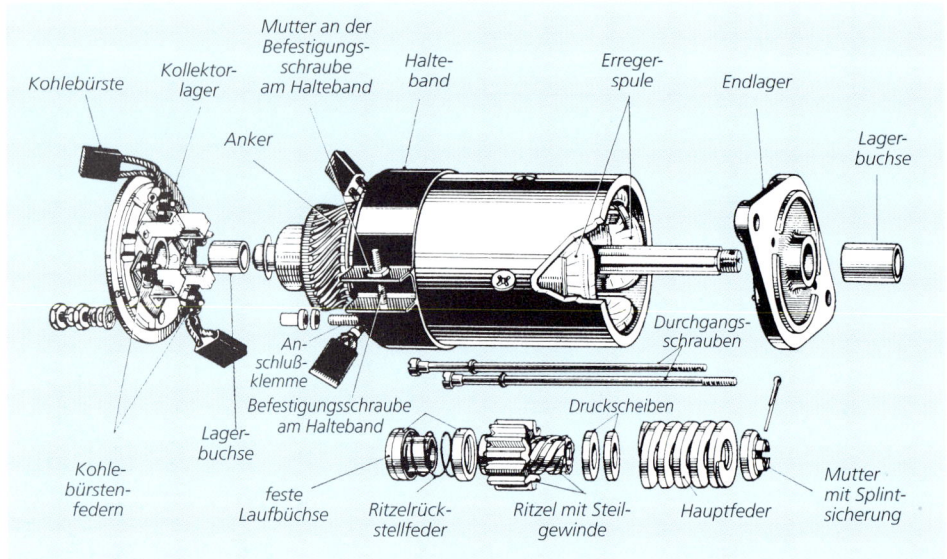

Sobald der Anlasser sich dreht, springt das Ritzel auf der Anlasserwelle nach außen auf das Zahnrad am Schwungrad. Das Ritzel und das Zahnrad haben gerundete Zähne, damit das Ritzel schnell greifen kann. Die Antriebswelle am Anlasser beginnt sich immer schneller zu drehen und setzt den Motor in Gang.

Ist der Motor angesprungen, läßt man den Zündschlüssel los, das Schwungrad nimmt Fahrt auf, federt das Ritzel zurück und unterbricht den Kontakt zwischen Anlasser und Schwungscheibe. Der Anlasser hat seine Dienste getan und kommt zum Stillstand.

Ist der Motor besonders leise oder so gut schallisoliert, daß man kaum feststellen kann, ob er angesprungen ist oder nicht, muß man sich an den Instrumenten orientieren. Man sollte nie den Anlasser starten oder den Startvorgang fortführen, wenn der Motor bereits läuft. Das kann schnell eine Reparatur nach sich ziehen.

Es gibt Anlasser, bei denen sich das Ritzel auf die Schwungscheibe schiebt, bevor er sich dreht. Nach Anlaufen des Motors ist der Ablauf jedoch gleich dem oben beschriebenen. Der elektrische Widerstand von Anlassern ist extrem klein. Deshalb ist es nicht möglich, mit einem Stromprüfer festzustellen, ob der Widerstand korrekt ist oder nicht. Taucht ein Problem auf, muß der Anlasser zum Fachmann gebracht werden.

Starterkabel

Der Stromfluß bei Anlassern ist hoch. Deshalb muß sowohl das Plus- als auch das Minuskabel zwischen Batterie und Anlasser ausreichend dick sein, damit auf diesem Wege kein Energieabfall auftritt. Die Plus- und Minuspole an der Batterie und am Anlasser müssen sauber sein. Die Schrauben sollte man mit Sprengringen sichern.

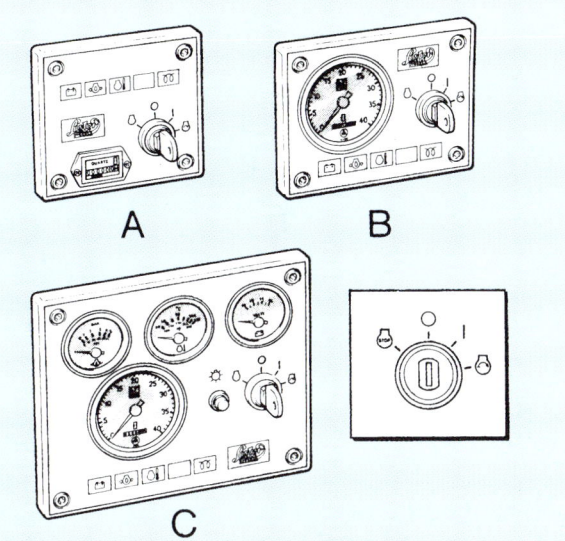

Es gibt von vielen Herstellern eine reiche Auswahl an Instrumententafeln. Eine einfache, A, hat einen Betriebsstundenzähler, B einen Drehzahlmesser und C neben anderen Geräten eine Temperaturanzeige. Der normale Motorschlüssel hat vier Positionen: Stop – Ein – Vorglühen – Start.

Lichtmaschinen

Sie werden über Einfach- oder Doppelkeilriemen vom Motor angetrieben und erzeugen Strom. Die Lichtmaschine dreht sich normalerweise schneller als der Motor. Die Drehgeschwindigkeit wird von dem Durchmesser der jeweiligen Keilriemenscheibe bestimmt.

Die Keilriemenspannung sollte weder zu hoch noch zu schwach sein. Am längsten Stück des Keilriemens sollte ein Spiel von 12 mm sein. Ist die Spannung zu hoch, verkürzt sich die Lebensdauer der Lager in der Lichtmaschine, ist sie zu schwach, rutscht der Keilriemen. Durch Drehen an der Ventilatorscheibe kann man schnell feststellen, ob die Spannung zu gering ist. Rutscht der Keilriemen, kommt die Lichtmaschine nicht recht auf Touren, und es wird zu wenig Strom erzeugt. Man kann die Spannung des Keilriemens ändern, indem man die Lichtmaschine auf ihrem Lager am Motorblock kippt und die

Schraube an dem Stellarm mit dem Langloch festzieht.

Die Lichtmaschine erzeugt Wechselstrom, der über einen eingebauten Gleichrichter in Gleichstrom umgewandelt wird, mit dem in erster Linie die Batterien geladen werden. Die Batterien selbst, wenn sie Akkumulatoren sind, glätten den Strom, den die Lichtmaschine anliefert.

Regler

Der Regler der Lichtmaschine tastet konstant die Spannungsabgabe ab. Wenn die erforderliche Spannung erreicht ist, die normalerweise bei 14,2 V liegt, regelt er kontinuierlich die Spannung herunter und gibt nur noch soviel Strom ab, wie notwendig ist, um die Spannung zu halten.

Man kann Zusatzgeräte einbauen, die den Ladezustand der Batterie abtasten und die Lichtmaschine auf eine höhere Leistungsabgabe trimmen, um den Ladevorgang zu verkürzen. Das ist sinnvoll, wenn die Batterien stark beansprucht werden, der Motor aber selten läuft. Beim Kauf derartiger Geräte sollte man einen Spezialisten hinzuziehen.

Einige Lichtmaschinen werden beim Motorstart abgeschaltet, um die Belastung des Anlassers zu verringern. Der Motoröldruck löst normalerweise über einen Schalter die Zuschaltung der Lichtmaschine aus. Ist der Öldruck erreicht, geht die Warnlampe aus, und die Lichtmaschine wird eingeschaltet.

Strommeßgeräte

Bricht der Meßdraht oder wird die Zuleitung unterbrochen, liefert die Lichtmaschine ununterbrochen die volle Stromstärke. Das kann schnell dazu führen, daß die Batterien zu kochen beginnen, explosives Gas entwickeln und am Ende sich selbst zerstören.

Volt- und Amperemeter zeigen an, welche Strommenge und welche Spannung erzeugt werden.

Drehzahl der Lichtmaschine

Die Drehzahl des Motors, wie man sie am Drehzahlmesser abliest, wird vielfach an der Lichtmaschine abgenommen. Pendelt die Drehzahl bei gleichmäßigem Lauf des Motors, rutscht möglicherweise der Keilriemen. Bei vielen alten Bootsmotoren sind Anlasser und Lichtmaschine kombiniert. Ein derartiges Gerät hat nicht so viel Durchzugskraft wie ein spezieller Anlasser. Um den Motor zu starten, muß man den Kompressionshebel umlegen, damit der Motor genügend Schwung bekommt. Stellt man den Hebel wieder zurück,

Ein Voltmeter zeigt den Ladezustand der Batterie auf einen Blick – aber nicht, wie lange er halten wird. Gleiche Dienste leistet ein Vielfachmeßgerät, das man an die Klemmen am Hauptschalter hält.

Dieselmotoren brauchen, wenn sie laufen, keinen Strom. Eine Lichtmaschine sorgt jedoch dafür, daß die Starter- und Versorgungsbatterien geladen bleiben. Ein schleifender Keilriemen mindert den Wirkungsgrad der Lichtmaschine.

baut sich die Kompression im Kolben auf, und der Motor springt an. Dann wird aus dem Anlasser eine Lichtmaschine. Da sie aber eine reine Gleichstrommaschine ist, bringt sie nicht soviel Leistung. Ein Regler kontrolliert die Stromabgabe.

Der größte Nachteil dieser Kombination liegt darin, daß das Gerät im unteren Drehzahlbereich keinen Strom liefert. Das kann zu Problemen bei der Versorgung der Batterien und der ständigen Stromverbraucher führen. Ist das Elektrosystem allerdings so ausgelegt, daß es diese Schwäche ausgleicht, arbeitet die Anlage sehr gut.

Batterien
Die Anzahl, Größe und der Typ von Batterie an Bord werden von dem Stromverbrauch bestimmt, wenn der Motor läuft bzw. steht. Der sparsame Umgang mit Strom und die sichere und ausreichende Ladung der Batterien sind auf einem Boot ebenso wichtig wie die Pflege des Kraftstoffs für den Motor.

LKW-Batterien sind zum Anlassen eines Dieselmotors ideal. Sie liefern bei Bedarf starken Strom für den Anlasser. Sie sind aber weniger geeignet, um über einen längeren Zeitraum die Lampen, Navigationsinstrumente, Pumpen usw. mit ausreichend Strom zu versorgen. Außerdem ist ihre Lebensdauer eingeschränkt, wenn sie immer wieder ent- und

Am meisten verbreitet ist noch immer die Säurebatterie. Die Kapazität einer Batterie wird in Amperestunden (Ah) angegeben, eine 200 Ah-Batterie gibt 20 Stunden lang 10 Ampere (A) ab. LKW-Batterien sind zum Starten ideal, während sich für das übrige Bordnetz zyklenfeste, zumeist wartungsfreie oder Gel-Batterien besser eignen, da sie wesentlich mehr Ladezyklen vertragen.

Beachten Sie, daß bei der obigen Installation die Batterie nicht gesichert ist. Batterien sollten in einem abgeschlossenen Fach oder Batteriekasten sicher befestigt sein, um u.a. das Auslaufen von Säure zu verhindern. Das Batteriefach muß nach außenbords belüftet werden, da sich beim Aufladen giftige Gase bilden können.

aufgeladen werden. Werden sie dagegen auf voller Ladung gehalten und sind die Ladeintervalle nicht zu lang, können sie eine ganze Zeit lang halten.

Dryfit-Batterien haben eine hohe Zyklenlebensdauer und eine geringe Selbstentladung. Dadurch halten sie über einen langen Zeitraum ausreichend Kapazität und müssen nicht so häufig nachgeladen werden. Sie sind zur Bordnetzversorgung ideal und können mit einer LKW-Batterie als Starterbatterie kombiniert werden.

Batteriewartung

Eine Blei-Säure-Batterie braucht Schwefelsäure als Elektrolyt, die bis oberhalb der Platten steht und gelegentlich mit destilliertem Wasser aufgefüllt werden muß. Wartungsfreie, versiegelte Batterien werden vornehmlich dort eingesetzt, wo es darauf ankommt, in kurzer Zeit hohe Ströme abzugeben, wie z.B. beim Motorstart.

Ist die Batterie vollgeladen, kann man mit einem Säureheber den Ladezustand überprüfen. Das gleiche leistet ein exakt arbeitendes Stromprüfgerät mit Digitalanzeige. Die Spannung einer vollgeladenen Batterie liegt bei 12,6 V.

Batterieeinbau

Säurebatterien entwickeln Gas (Knallgas), das leicht zündbar ist. Deshalb sollten die Batterien in einem wasserdichten Fach mit Außenlüftung untergebracht sein. Wichtig ist, daß sie optimal gesichert sind und sich nicht losarbeiten oder umherwandern können.

Batteriehauptschalter

Über einen Batteriehauptschalter, der vielfach aus Sicherheitsgründen montiert ist, kann man die Starter- oder Bordnetzbatterien einzeln zu- und abschalten oder das gesamte

Der Batteriehauptschalter, an gut zugänglicher Stelle montiert, ermöglicht alle Kombinationen für den Verbrauch oder das Laden der Batterien.

Stromnetz ausschalten. Beim Umschalten muß sichergestellt sein, daß die erste Batterie erst abgeschaltet wird, nachdem die zweite zugeschaltet worden ist. Denn wenn bei laufender Maschine keine Batterie Ladestrom aufnehmen kann, wird der Diodenschalter des Generators zerstört. Aus dem gleichen Grund darf man nie Kabel abklemmen oder die Verbindungen zu anderen Batterien tauschen, wenn die Maschine läuft.

Der Hauptschalter sollte auf die anfallenden Ladeströme (max. 60 Amp.) ausgelegt sein.

Batterieladegerät

Damit die Batterien nicht durch einen Kriechstrom in einem fest eingebauten Batterieladegerät entladen werden, sollte das Gerät wie ein Verbraucher neben dem Batteriehauptschalter angeschlossen sein. Dann kann über den Hauptschalter die Batterie zugeschaltet werden, die geladen werden soll. Man sollte aber nie das Batterieladegerät einschalten, wenn der Hauptschalter auf Null steht.

7. Motoreinbau

Der Motor und die Wellenanlage müssen äußerst präzise ausgerichtet werden, will man Verschleiß und Schwingungen minimieren. Wird das Boot aus dem Wasser gehoben, kann das gesamte Antriebssystem bei zuvor sorgfältigster Ausrichtung aus der Flucht geraten, weil sich der Rumpf verzieht. Regelmäßige Kontrolle und hartnäckiges Nachspüren jeder unregelmäßiger Vibration und aller ungewohnten Geräusche machen sich bezahlt.

Flexible Motorlager

Ein Motorlager besteht aus einem Sockel und einer Schale mit Aufnahmebolzen, die durch einen Gummipuffer getrennt sind. Somit dient es gleichzeitig als Schwingungsdämpfer. Beim Ausrichten des Motors auf den Lagern müssen das Drehmoment und der Druck der Schiffsschraube über die Schraubenwelle auf den Motor berücksichtigt werden. Im weiteren ist darauf zu achten, daß kein Kraftstoff oder Motoröl an die Gummi-

Eine perfekte Verbindung zwischen Motor und Welle ist nur schwer zu erreichen. Allzu große Abweichungen verkürzen jedoch die Lebensdauer der Lager und des Stevenrohrs.

Motoraufhängungen isolieren den Rumpf gegen Vibrationen und ermöglichen eine exakte Justierung des Motors. Die obere Mutter ist gelöst, die untere kann höher oder tiefer eingestellt werden, um den Motor in die richtige Lage zu bringen.

lager gelangt. Ansonsten wird das Gummi mit der Zeit weich und quillt auf.

Ausrichten der Schraubenwelle
Die Welle muß sorgfältig ausgerichtet werden, unabhängig davon, ob zwischen Motor und Antriebswelle eine flexible Kupplung geschaltet ist oder der Motor direkt am Schraubenwellenflansch angeschlossen ist. Die Leistung des Motors muß sowohl rechtwinklig als auch konzentrisch auf den Wellenflansch wirken.

Trotz sorgfältigster Herstellung der Wellen, Kupplungen und Flansche mit minimalsten Toleranzen ist eine perfekte Ausrichtung der Anlage vielfach nur schwer zu erreichen. Ist sie jedoch eindeutig nicht in Flucht, muß man mit schwerem Verschleiß der Lager rechnen. Ist der Motorflansch nicht im rechten Winkel zur Schraubenwelle, entstehen Vibrationen, die schnell die Lager verschleißen. Verbogene Wellen und Flansche müssen an Land repariert werden.

Das Ausrichten des Motors geschieht an den Motoraufhängungen (flexible Motoraufhängungen dienen gleichzeitig als Hydrodämpfer), deren Position und Höhe verändert werden können. Dadurch erreicht man, daß die Verbindungsflansche eng anliegen, bevor die Schrauben angezogen werden. Mit einer Fühlerlehre kontrolliert man den gleichmäßi-

Es gibt verschiedene Möglichkeiten der Wellendichtungen, einige mit Wasserschmierung. Dieses Vetus-System verhindert Wasserleckage und braucht nicht über einen Schmiernippel geschmiert zu werden.

Durch das Anziehen der Schrauben drückt man bei dieser alten Stopfbuchse die Fettpackung zusammen. Wird die Brille zu stark angezogen, kann die Welle beschädigt werden.

gen Abstand zwischen den Flanschen. Die Flansche müssen vertikal und horizontal ausgerichtet werden.

Die vertikale Ausrichtung des Motors wird über die Stellschrauben an den Motoraufhängungen vorgenommen. Dazu dreht man an der unteren Mutter des hochstehenden Gewindebolzens. Ein Lochschlitz in der Fußplatte des Motorlagers vereinfacht das horizontale Ausrichten des Motors. Ist der Motor ausgerichtet, fixiert man die Fußplatte und kontert die obere Mutter des Gewindebolzens mit einer Sicherungsscheibe.

Saildrive-Aggregate brauchen nicht ausgerichtet zu werden. Sie richten sich gewissermaßen selbst aus. Die Lager müssen jedoch sorgfältig verschraubt werden, damit sich die Kraft des Motors gleichmäßig über den Rumpf verteilt.

Flexible Kupplungen

Da der Motor auf den flexiblen Motorstützen gewissermaßen seitlich sowie auf und ab »tanzen« kann, muß der Abstand zwischen einem festen Innenlager der Welle und dem Motor weit genug sein, damit die Propellerwelle diesen Bewegungen folgen kann. Da dieser Abstand bei den meisten Yachten nicht vorhanden ist und die Wellenanlage in der Regel ohne Drucklager ist, wird eine flexible Kupplung zwischen Motor- und Wellenflansch montiert. Derartige Kupplungen können je nach Ausführung Abweichungen von 2 – 4°, bei Drucklager sogar bis 6° ausgleichen. Gleichzeitig absorbieren sie die Schwingungen der Propellerwelle.

Wellendichtungen

Die konventionelle Stevenrohr-Abdichtung besteht aus einer Stopfbuchse, in der eine eingefettete Dichtungsschnur um die Welle gelegt wird. Anschließend wird eine Stopfbuchsenbrille dagegengeschraubt, die die Buchse verschließt, die Packung zusammendrückt und die Welle abdichtet.

Die Stopfbuchsenbrille darf nur soweit angezogen werden, daß gerade das Eindringen von Wasser verhindert wird. Wird die Packung zu stark komprimiert, führt dies zur Erhitzung und Abnutzung der Welle. Auch

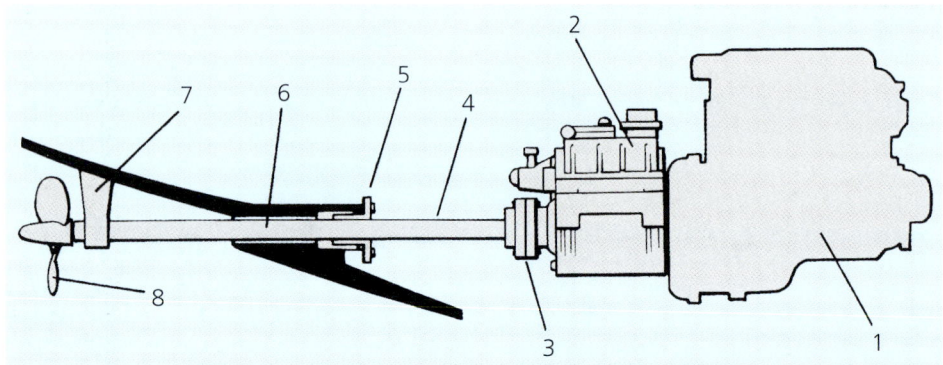

Konventionelle Wellenanlage
1 Motor. 2 Getriebe. 3 Wellenkupplung. 4 Welle. 5 Stevenrohrbuchse. 6 Wellenlager.
7 Wellenbock. 8 Propeller.

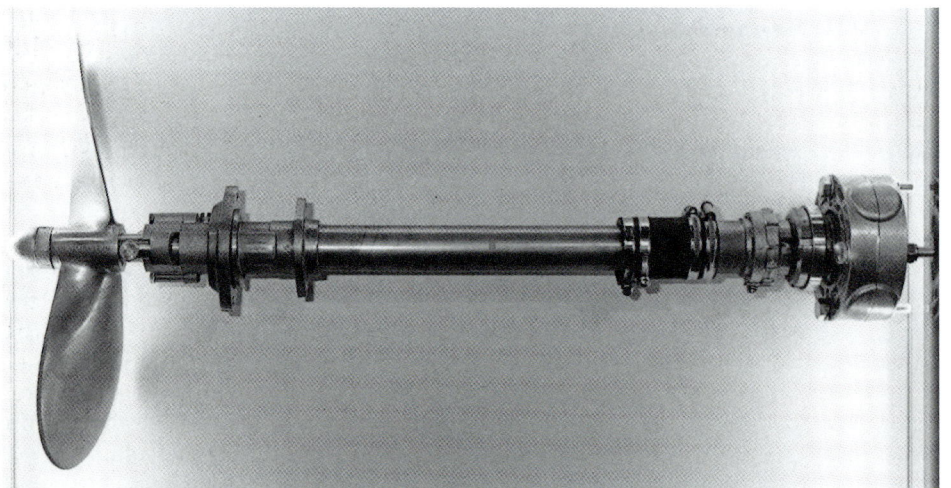

Eine typische Wellenanlage mit zweiflügeligem Propeller, Wellenlager, Stopfbuchse und Flansch

könnte die Stopfbuchse sich verdrehen und dabei die Gummimuffe, die sie mit dem Stevenrohr verbindet, abreißen.

Die Stopfbuchsenbrille muß nachgespannt werden, sobald sie leckt. Kommt permanent Wasser durch, muß die Packung erneuert werden. Einige Stopfbuchsen sind mit einem Schmiernippel ausgestattet, über den man bei Betrieb oder Stillstand die Packung nachfetten kann.

Die Welle dieses vierflügeligen Motorboot-Propellers läuft in einem wassergeschmierten Lager innerhalb eines Lagerbocks aus Bronze.

Gebräuchlich sind ebenfalls Gleitringdichtungen wie im Motor, um eine Welle, die in Öl läuft, abzudichten. Der Gummikörper ist aus einem hitzefesten Gummi, das sich mit Seewasser verträgt und mit einem speziellen Schmieröl getränkt wird. Diese Dichtungen sind wartungsfrei, müssen jedoch nach ca. 5000 Betriebsstunden ausgetauscht werden – was bedeutet, daß die gesamte Wellenanlage ausgebaut werden muß.

Frontabdichtungen werden immer populärer. Sie funktionieren in der Weise, daß eine völlig ebene Platte aus Nirostahl gegen eine Frontabdeckung aus Karbon gepreßt wird. Gummigamaschen, die Welle und Stevenrohr überbrücken und mit Schlauchschellen befestigt sind, ermöglichen eine gewisse Flexibilität. Möglicherweise brauchen Frontabdichtungen eine spezielle Schmierungsprozedur beim Zu-Wasser-Lassen und beim ersten Anfahren der Welle. Hier sollte man die Anweisungen des Herstellers beachten.

Propeller

Propeller müssen in jedem Fall sorgfältig ausbalanciert sein, damit sie vibrationsfrei drehen. Jede Unwucht, die von abgesplitterten Flügelspitzen oder anderen Schäden verursacht wird, erzeugt Vibrationen und verkürzt die Lebensdauer der Lager und des Getriebes.

Viele Yachten haben einen Faltpropeller, der sich nach dem Abschalten des Motors und Einlegen des Rückwärtsganges zusammenfaltet und dadurch besonders strömungsgünstig ist.

Externes Wellenlager

Das externe Wellenlager dient vornehmlich dazu, die Welle in Flucht zu halten. Eins befindet sich innerhalb des Bootes, um das Getriebe zu entlasten, das andere entweder im Achtersteven selbst oder in einem P- oder V-förmigen Lagerbock unter dem Rumpf.

Die Lager im Getriebe oder im Boot fangen den Schub und Rotationskräfte auf. Der externe Lagerbock fängt lediglich Rotationskräfte auf. Die Welle rotiert in einer Gummibuchse mit Nut, die für eine Wasserschmierung sorgt und das Wasser zur hinteren Bronzebuchse leitet.

Einige eingebaute Lager brauchen etwas Wasserschmierung. Deshalb ist es besser, einige Tropfen Seewasser zu akzeptieren, als die Dichtungen zu stramm anzuziehen und einen Versorgungsweg zu verstopfen.

Der Motorraum

Der Motorraum muß einerseits ausreichend belüftet sein – entweder über Belüftungskanäle oder -schlitze oder ein Gebläse –, andererseits muß er den Motor vor Seewasser schützen, das ihn zerstören könnte. Nur eine Tasse Seewasser im Ansaugkrümmer kann den Motor stillegen – mit der möglichen Gefahr für Boot und Crew.

Der Motor muß ebenso vor Brechern geschützt sein, die das Cockpit füllen oder bei schwerer See durch die Lüfter ins Bootsinnere gelangen. Die Motorraumabdeckungen und Zugangsklappen oder -türen sollten so ausgeführt sein, daß sie kein Wasser durchlassen.

Weiterhin müssen die Motorraumabdeckungen schallisoliert sein, damit sie den Motorenlärm auf ein erträgliches Maß reduzieren. Wichtig ist jedoch, daß die Schallisolierung aus feuerfestem Material besteht. Es gibt eine reichliche Auswahl von Isolationsmaterial aus Schaumstoff zum Auskleiden des Motorraums.

Im Motorraum sollten nicht mehr Elektrokabel verlegt werden als zum Betrieb des Motors notwendig sind. Alle anderen Kabel sollten außerhalb verlegt werden, denn deren Isolierung hält einem Motorbrand bestimmt nicht stand.

8. Getriebe

Die Bedeutung des Getriebes für die sichere Führung einer Yacht wird vielfach unterschätzt. Das Getriebe hat eine sehr komplexe Aufgabe der Motorenanlage zu erfüllen. Bei den meisten Anlagen fallen diesem Anhängsel drei Aufgaben zu:
1. die Verbindung zwischen Motorblock und Schraubenwelle,
2. die Möglichkeit, rückwärts zu fahren und
3. das Drehmoment des Motors direkt zu übertragen oder zu erhöhen.

Das Verhältnis zwischen Getriebe und Propeller
Große Propeller geben einen beachtlichen Schub und eine gute Kontrolle bei langsamer Maschinenfahrt, erzeugen jedoch einen nicht unwesentlichen Widerstand beim Segeln. Kleine Propeller haben zwar weniger Widerstand, ermöglichen aber bei langsamer Fahrt kaum kontrollierbare Manöver und sind bei normaler Marschfahrt ineffektiv.
Die optimale Wahl zwischen Motordrehzahl und Propellergröße ist von der Verdrängung der Yacht, dem Bootstyp, der Länge und der Rumpfform abhängig. Ein typischer Propeller für eine 7,50 m-Langkielyacht liegt bei 14"x 9" mit drei Blättern. Die erste Zahl bezeichnet den Durchmesser in Zoll, die zweite die Steigung der Blätter. Die Steigung des Propellers wird definiert als der Weg in Zoll, den das Wasser in einem imaginären Zylinder bei einer Umdrehung des Propellers zurücklegt. Bei Yachten ist die Motordrehzahl normalerweise zu hoch, um den Propeller direkt anzutreiben. Deshalb ist ein Übersetzungsverhältnis von 1,5:1 und 3:1 üblich. Das bedeutet, bei 1,5 oder 3 Umdrehungen des Motors dreht sich die Welle einmal (dadurch Erhöhung des Drehmomentes). Motorboote, die gleiten können, haben zumeist ein Übersetzungsverhältnis von 1:1. Bei langsamen Verdrängerbooten findet man eher eine Untersetzung von 4:1; d. h. bei 2200 U/min des Motors, dreht der Propeller mit nur 550 U/min. Im letzteren Fall wird das Drehmoment verringert.

Die drei wichtigsten Getriebearten sind:
1. Das Schrägradgetriebe
2. Das Planetengetriebe
3. Das Kegelgetriebe

Das schrägverzahnte Stirnradgetriebe
Ein Schrägradgetriebe besteht aus zwei Lamellenkupplungen und zwei Räderwerken, die an der Abtriebswelle enden. Eine Kupplung ist für den Vorwärts-, die andere für den Rückwärtsgang vorgesehen. Damit das Getriebe funktioniert, dreht es sich ständig in Öl, das sich dabei leicht erhitzt. Aus diesem Grunde müssen große Getriebe oder solche, die unter erschwerten Umständen arbeiten, mit Ölkühlern ausgestattet sein.

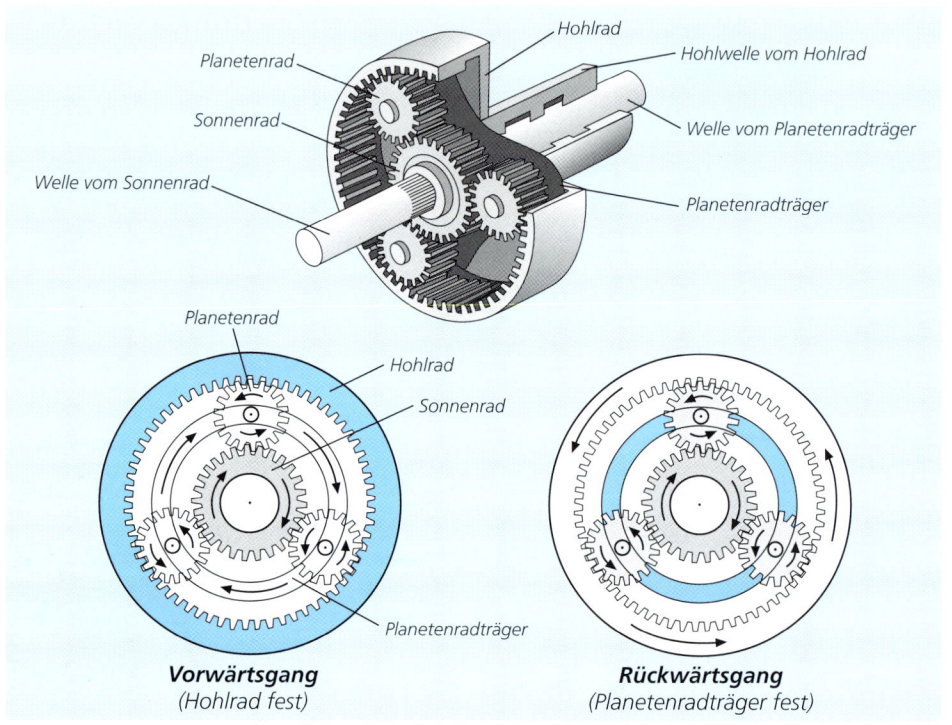

| Hohlrad |
Planetenrad	Hohlwelle vom Hohlrad
Sonnenrad	Welle vom Planetenradträger
Welle vom Sonnenrad	Planetenradträger

Planetenrad
Hohlrad
Sonnenrad
Planetenradträger

Vorwärtsgang
(Hohlrad fest)

Rückwärtsgang
(Planetenradträger fest)

Nachjustierung der Lamellenkupplung ist nicht notwendig, sie kompensiert selbständig den Verschleiß. Wichtig ist jedoch, darauf zu achten, daß das Getriebe nach dem Einlegen des Ganghebels die volle Leistung abgibt.

Das Spezialöl für Schrägradgetriebe ist normalerweise ATF-Öl (Automotive Transmission Fluid). Wichtig ist, sich unter allen Umständen an die Anweisungen der Hersteller zu halten.

Das Planetengetriebe

Planetengetriebe wie das weit verbreitete Velvet-Getriebe von Borg-Warner haben den Vorteil, daß Antriebs- und Abtriebswelle nicht höhenversetzt sind, und das Getriebe somit nur eine geringe Bautiefe beansprucht. Der Grund liegt in ihrer Konstruktion, die alle wesentlichen Zahnräder auf einer Achse vereint. Wie die Planeten um die Sonne, kreisen im Planetengetriebe die Planetenräder um ein zentrales Sonnenrad. Die Planetenräder sind mit ihren Achsen in einem Planetenträger gelagert, der sich ebenfalls drehen kann. Außen kämmen die Planetenräder mit der Innenverzahnung des Hohlrades, das sich auch wieder drehen kann. Der Motor treibt das Sonnenrad an. Das Sonnenrad versetzt mit Hilfe des festgehaltenen Hohlrades die Planetenräder in Drehung um das Sonnenrad. Es drehen sich dann Planetenträger und die damit verbundenen Abtriebswelle in gleicher Richtung; jedoch langsamer als das angetriebene Sonnenrad.

Der Rückwärtsgang kommt folgendermaßen zustande: Bei Antrieb des Sonnenrades und Feststellen des Planetenradträgers drehen sich die Planetenräder gegensinnig zum angetriebenen Sonnenrad und nehmen das Hohlrad und die damit verbundenen Abtriebswelle ebenfalls gegensinnig zum Sonnenrad mit.

Diese Getriebe haben eine hydraulisch betriebene Mehrlamellenkupplung, die sich selbständig nachregelt. Die Lamellen werden durch eine interne Ölhydraulik zusammengehalten. Wichtig ist, in regelmäßigen Abständen den Stand des Getriebeöls zu kontrollieren.

Für hydraulische und mechanische Getriebe gilt, daß die Übertragungszüge richtig eingestellt sind, damit die Getriebe ganz einrasten. Ansonsten können die Kupplungslamellen oder Zahnräder innerhalb einer Saison verschleißen.

Das Kegelgetriebe

Kegelgetriebe haben zwei Räderwerke, ähnlich wie das Schrägradgetriebe. Die Kegel arbeiten wie Kupplungen, wenn das Antriebs- in das Abtriebszahnrad greift. Über die Zahnräder wird das Übersetzungsverhältnis zwischen Motor- und Wellenumdrehung festgelegt.

Die meisten Getriebe werden mit Motoröl geschmiert, einige brauchen jedoch spezielles Öl. Man sollte auf jeden Fall nur das Öl verwenden, das die Motoren- oder Getriebehersteller empfehlen.

Allgemeine Betriebsbedingungen

Obgleich alle Getriebe so ausgelegt sind, daß sie das plötzliche Umschalten in den Rückwärtsgang bei voller Umdrehungszahl des Motors überleben, ist es erheblich sicherer, das Getriebe bei langsamer Drehzahl umzuschalten. Schrägradgetriebe überstehen eher einen Umschaltschock als Konuskupplungen, bei denen Metall auf Metall geschaltet wird.

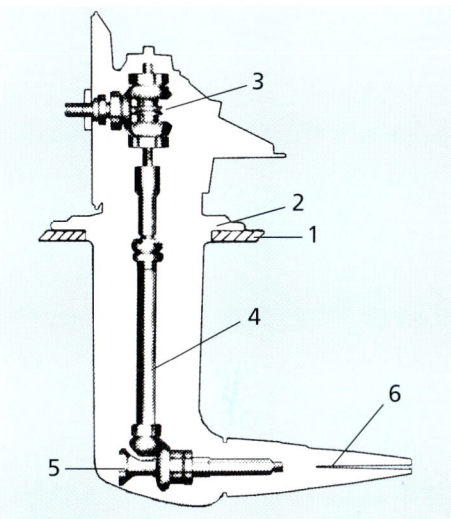

Saildrive:
Ähnlichkeit mit einem Außenborder, kein übliches Stirnradgetriebe, direkt durch den Bootsrumpf gesteckt.
1 Bootsrumpf. 2 Gummimanschette.
3 Umschaltgetriebe. 4 Schaft. 5 Umlenkgetriebe (Kegelräder). 6 Faltpropeller.

Weiches Umschalten verlängert in jedem Fall die Lebensdauer der Kupplung.

Saildrive-Antriebe

Bei Saildrive-Aggregaten ist das Getriebe im Propellerschaft integriert; ebenso ein Kegelradantrieb, über das der Propeller angetrieben wird – vergleichbar mit dem Schaft eines Außenborders. Sie müssen geschmiert und entsprechend der Betriebsanleitungen der Hersteller gewartet werden.

Hydraulische Getriebe

Darin befindet sich eine vom Motor angetriebene Verstellpumpe, die Hydrauliköl in Hochdruckleitungen preßt und so eine konstant drehende Turbine antreibt, die wiederum die Welle in Rotation versetzt.

Das Übertragungsverhältnis zwischen der Pumpe und der Turbine bestimmt das Übersetzungsverhältnis. Ein System mit einer Pumpenleistung von 50 cm³/U und einer Turbinenleistung von 100 cm³/U ergibt z.B. ein Übersetzungsverhältnis von 2:1. Der Propeller macht folglich nur halb so viel Umdrehungen wie der Motor.

Hydraulische Getriebe haben sehr viele Vorteile gegenüber herkömmlichen Getrieben. Sie lassen sich beispielsweise bei voller Motordrehzahl schadlos umschalten. Ein Kontrollventil schaltet den Systemdruck automatisch auf ein sicheres Maß zurück.

Klemmt der Propeller, leitet diese Druckkontrolle das Öl über einen Bypass an der Pumpe vorbei und hält somit die Belastung des Propellerschaftes und des Motors in Grenzen.

Der Hauptvorteil liegt jedoch darin, daß der Motor an jeder beliebigen Stelle im Boot eingebaut und die Verbindung zwischen Motor und Getriebe über flexible Schläuche hergestellt werden kann.

Der einzige, aber wichtigste Nachteil bei Hydraulikgetrieben liegt darin, daß sie einen entsprechend großen und schweren Behälter für das Hydrauliköl benötigen. Bei ausreichender Größe braucht das Öl natürlich nicht so häufig gewechselt zu werden. Der Wirkungsgrad des Getriebes liegt niedriger als bei einem konventionellen Getriebe. Soll das System auf optimaler Temperatur gehalten werden, muß ein Seewasser-Ölkühler vorhanden sein.

Wartung von Hydraulikgetrieben

Verunreinigungen im Getriebeöl verringern die Lebensdauer des Öls und den Wirkungsgrad des Getriebes. Die Pumpenaggregate

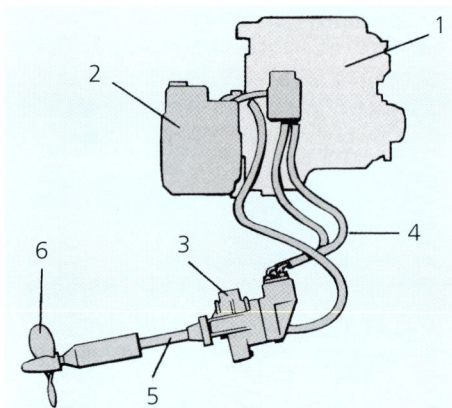

Hydraulikgetriebe:
1 Motor, an beliebiger Stelle eingebaut.
2 Hydraulikpumpe. 3 Hydraulikmotor.
4 Flexible Leitungen zwischen Motor und Hydraulikpumpe. 5 Antriebswelle.
6 Propeller.

werden mit sehr geringen Toleranzen gefertigt – gemessen in Mikrons. Jeder Fremdstoff – insbesondere Metallpartikel – verursacht höchstwahrscheinlich Schäden. Darum muß mindestens ein Filter von ISO-Standard BSI/5/15 mit Maß 17/11 eingebaut sein und entsprechend des Wartungsprogramms oder, wenn die Durchlaufanzeige auf Rot springt, ausgetauscht werden.

Wasser im Ölbehälter verursacht die gleichen Schäden wie Wasser im Kraftstofftank. Die Belüftung des Öltanks muß mit einem Filter versehen sein.

Zum Schluß: Zu wenig Öl im Getriebe kann zum Ausfall der Pumpe führen. Luftblasen, die in das Pumpsystem geraten, können in der Pumpe implodieren, wenn sie bis zum Arbeitsdruck komprimiert werden. Wichtig ist also ein Ölmeßstab am Getriebe und regelmäßige Kontrolle.

9. Vermeidung von Bedienungs-
fehlern – Wartungspläne

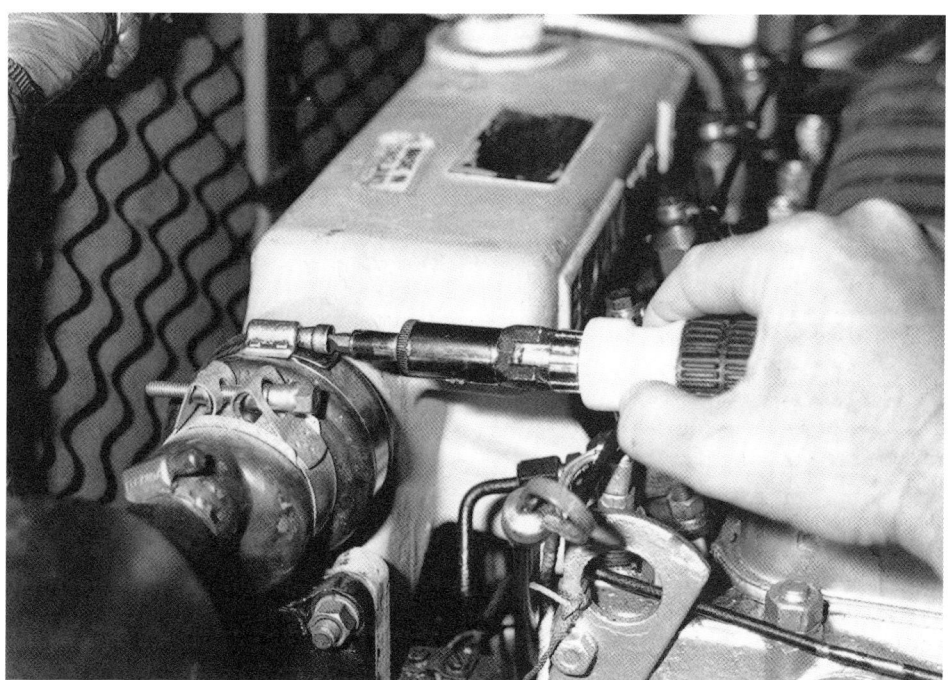

Es ist ganz wichtig, daß Skipper routinemäßig eine Motorkontrolle durchführen. Eine erste Kontrolle sollte bei stehender, eine zweite bei laufender Maschine vorgenommen werden. Für die Kontrollen braucht man nur wenige Minuten. Setzt man den Motor täglich ein, sollten die Kontrollen alle zwei oder drei Tage stattfinden – bei gelegentlichem Einsatz etwa einmal in der Woche.

A. Kontrollen bei stillstehendem Motor
Startschlüssel abziehen und die Batterien abschalten. Mit einer Taschenlampe oder einem Spiegel folgende Punkte durchchecken:

1. Leckage des Kühlwassersystems
   (s. Kap. 4, S. 31 – 41)
2. Leckage an der Stopfbuchse
   (s. Kap. 7, S. 55 – 60)

3. Kraftstoffaustritt
   (s. Kap. 2, S. 13 – 27)
4. Motorölstand und Motorölqualität
   (s. Kap. 5, S. 42 – 48)
5. Füllstand des Frischwasserkühlkreislaufs
   (s. Kap. 4, S. 31 – 41)
6. Keilriemenspannung
   (s. Kap. 6, S. 49 – 54)
7. Schmutz im Vorfilter
   (s. Kap. 2, S. 13 – 27)
8. Motoraufhängungen (Motorlager)
   (s. Kap. 7, S. 55 – 60)
9. Auspuffverbindungen
   (s. Kap. 4, S. 31 – 41)
10. Elektrokabel
    (s. Kap. 6, S. 49 – 54)

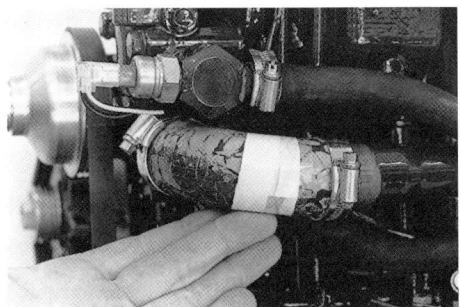

Wichtig: Bei einer sauberen Maschine entdeckt man jede Leckage und jedes Problem viel leichter.

Kühlwasserlecks
Bei einem Schlauch oder an einer Verbindung austretendes Wasser, das über den Motor läuft, kann nach längerer Zeit schwere Schäden verursachen und bald die elektrischen Teile lahmlegen. Nur der geringste Teil der Elektroanlage am Motor ist wirklich wassergeschützt. Die Kontakte sind besonders empfindlich. Sie korrodieren und brechen leicht. Am allerschlimmsten ist es, wenn Wasser auf den Keilriemen tropft und so feinster Wasserstaub im ganzen Motorraum versprüht wird.
Entdeckt man eine Wasserleckage, sollte man zunächst versuchen, die Verbindungen nachzuspannen. Ein gebrochener Schlauch muß ersetzt werden. Hat man keinen Ersatz an Bord, muß man ihn notdürftig zusammenflicken und hoffen, im nächsten Hafen einen Ersatz zu bekommen.

Eine leckende Wasserleitung kann notdürftig mit einigen Lagen Tape oder ganz billigem Isolierband umwickelt und anschließend mit einer Schlauchschelle zugedrückt werden. Idealer wäre ein passend gebogenes Originalersatzteil an Bord. Andernfalls muß man, um Knicks zu vermeiden, einen verstärkten, überlangen Schlauch verwenden.

Das Kühlsystem transportiert ein Drittel der Motorwärme ab. Die Nachfüllkappe auf dem Ausgleichbehälter ist gleichzeitig Überdruckventil. Warnlampen oder -summer machen auf Überhitzung aufmerksam; besser ist es jedoch, den Wasserstand täglich zu kontrollieren und zusätzlich den Wasseraustritt aus dem Auspuff beim Start des Motors und danach in regelmäßigen Abständen zu überprüfen.

Es ist ganz normal, wenn die Stopfbuchse ein paar Tropfen durchläßt. Früher oder später muß jedoch die Packung erneuert werden.

Verbindungen, die man mit reißfestem PFTE-Tape (Polyfluortetraethylen) geflickt hat, muß man sorgfältig im Auge behalten. Es kann sein, daß sie sich zu stramm spannen und brechen. Statt dessen kann man ein Schlauchverbindungsstück oder eventuell einen Stopfen benutzen (z. B. beim Bruch der Verbindungsleitung zwischen Motor und Wärmetauscher). Es ist schwer, PFTE-Tape von einem Innengewinde zu entfernen. Zudem können sich beim Anziehen leicht kleine Teile lösen. Wenn diese dann im Wassersystem herumschwirren, verstopfen sie schnell eine Öffnung – oft im Thermostat.

Der Verschlußdeckel der Süßwasserkühlung sollte zur Kontrolle des Wasserstandes nur dann abgeschraubt werden, wenn der Motor kalt ist. Das System steht bei voller Betriebstemperatur unter Druck, und es besteht die Gefahr, sich die Hand an dem herausspritzenden Wasser zu verbrennen. Das Kühlwasser darf nur bis zum Unterrand des Deckels aufgefüllt werden, da es sonst beim Erreichen der Betriebstemperatur überlaufen würde. Nach einigen Kontrollen sollte sich der Was-

serstand nicht mehr verändern. Muß man jedoch häufig Kühlwasser nachfüllen, ist ein Leck im System, das man aufspüren und beheben muß.

Lecks an der Stevenrohrbuchse

Eine leckende Wellendichtung oder Stevenrohrbuchse ist normal. Ein paar Tropfen in der Stunde brauchen nicht zu beunruhigen; da Lecks jedoch meistens zunehmen, sollte man sie bei nächster Gelegenheit stoppen. Entweder zieht man die Stopfbuchse an oder drückt mehr Fett hinein – doch nicht zu fest anziehen oder zuviel Fett hineinpressen, weil sonst die Welle beschädigt wird.

Kraftstofflecks

Im leichtesten Fall verursachen sie Gestank und Unannehmlichkeiten, im schlimmsten legen sie den Motor lahm. Liegt der Tank unterhalb des Motors, kann ein Loch in der Leitung dazu führen, daß bei Stillstand des Motors Luft ins System gelangt. Dann bereitet das Starten große Schwierigkeiten.

Lecks im System können auf der Niedrigdruckseite, der Hochdruckseite oder an den Rücklaufleitungen entstehen. Die Anschlüsse sind normalerweise mit Metall-auf-Metall-Dichtungen versehen oder mit Dichtungsringen aus Aluminium oder Kupfer.

Innerhalb der Anschlüsse des Kraftstoffsystems dürfen niemals Kunststoffteile oder PTFE-Tape verwendet werden. Es wäre sonst nicht zu vermeiden, daß kleine Partikel ins System gelangen und die winzig kleinen Bohrungen und Öffnungen in den Pumpen und Düsen verstopfen.

Kann ein Anschluß oder ein Rohr durch Nachspannen nicht abgedichtet werden, sollte man die Dichtungsringe aus Aluminium auf Korrosion untersuchen und die Hochdruckleitungen und Anschlüsse nach Brüchen. Verdächtige Teile sind auszutauschen. Die Überwurfmuttern oder Andruckschrauben durfen jedoch nie zu strامm angezogen oder gar überdreht werden.

Verläßt man das Boot für einige Tage oder länger, sollte man die Motorraumabdeckung entfernen oder öffnen, damit Frischluft an den Motor gelangt und Feuchtigkeit entweichen kann, wenn der Motor abkühlt. Dadurch kann Korrosion an Motorteilen vermindert werden.

Motoröl

Dieselmotoren verbrauchen normalerweise etwas mehr Öl als Benzinmotoren. Außerdem wird neues Öl schneller schwarz. Mit dem Meßstab kontrolliert man den Stand und die Qualität des Öls. Steigt der Ölstand und verfärbt sich beispielsweise das Öl nach grau oder weiß, ist dies ein sicheres Anzeichen dafür, daß es mit Wasser durchsetzt ist. Das kann an dem Bruch eines Simmeringes oder

Kraftstoffleckagen müssen sofort behoben werden, weil sie, genauso wie Luft oder Wasser im System, den Motor blockieren können. Das gilt ganz besonders dann, wenn der Tank unterhalb des Motors liegt. Dieser Ringanschluß ist typisch für die Kraftstoffrückleitung bei Dieselmotoren und ist mit Kupfer-Unterlegscheiben sicher abgedichtet. PFTE-Tape sollte man nicht verwenden. Bevor man die Schraube am Kopf anzieht, sollte man die Unterlegscheiben auf Risse oder andere Beschädigungen untersuchen. Am besten erhitzt man sie vorher, bis sie rot glühen, damit das Metall weicher wird und sich besser anpaßt. Ein sauberes Kraftstoffsystem – wie auf den Bildern – ist leichter nach Leckagen abzusuchen.

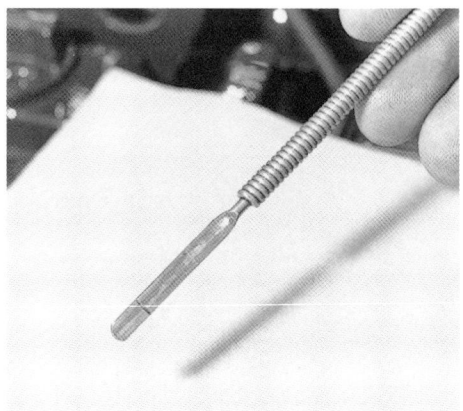

Die Flexibilität des Meßstabes erleichtert das Hineinschieben des Stabes in sein Führungsrohr. Der Ölstand sollte zwischen den Markierungen liegen – nicht höher, aber auf keinen Fall niedriger.

Muß man regelmäßig Öl nachfüllen, um den erforderlichen Stand zu halten, sollte man über die Ursachen in Kapitel 5 nachlesen. Wichtig ist, immer soviel Öl an Bord zu haben, daß man einen kompletten Ölwechsel durchführen kann.

Ölwechsel sollten nach den Empfehlungen der Motorenhersteller vorgenommen werden. Das bedeutet in der Regel alle 50 – 200 Betriebsstunden, zumindest aber am Ende einer Saison.

Keilriemenspannung

Mit den Fingern kann man die Spannung des Keilriemens überprüfen. Laut Hersteller sollte sich der Keilriemen nicht mehr als 12 mm eindrücken lassen. Ein Rutschen des Keilriemens kann dazu führen, daß sich die Wasserpumpe und die Lichtmaschine zu langsam drehen. Ist die Spannung jedoch zu groß, verkürzt dies die Lebensdauer ihrer Lager.

Die Farbe des Motoröls an dem Meßstab gibt erste Hinweise auf den Zustand des Motors. Graues Öl bedeutet, daß darin Wasser enthalten ist. Öl sollte entsprechend der Hinweise der Hersteller regelmäßig gewechselt werden.

einer Dichtung im Motor liegen – was unweigerlich eine größere Motorreparatur nach sich zieht. Der Betrieb eines Motors mit wasserdurchsetztem Öl führt zu Schäden an den Lagern. Um im Notfall weiterfahren zu können, tauscht man das Öl aus, fährt jedoch möglichst langsam. Anschließend muß der Motor gründlich überholt werden.

Motorlager

Die Lager müssen von Zeit zu Zeit optisch und mit der Hand überprüft werden. Hat sich eine der Muttern gelöst – normalerweise die untere –, muß sie angezogen werden, um die Ausrichtung des Motors zu erhalten. Nicht vergessen, die Kontermutter darüber anzuziehen. Haben sich die Muttern sehr weit gelöst, muß der Motor neu ausgerichtet werden.

Auspuffanschlüsse

Der Auspuff muß optisch und mit der Nase kontrolliert werden. Gibt es irgendwelche Anzeichen ausströmender Auspuffgase, müssen die Anschlüsse nachgespannt bzw. repariert oder ausgetauscht werden. Ausströmende Gase füllen sehr schnell das Bootsinnere und überziehen den Motor mit einem klebrigen, schwarzen Ruß.

Elektrokabel

Dieselmotoren brauchen für den Betrieb keinen elektrischen Strom, die meisten allerdings zum Start und einige zum Stoppen. Ein Großteil ist deshalb mit Lichtmaschine oder Generator ausgestattet. Da sich Kabel- und Batterieanschlüsse durch Vibrationen lösen können, müssen sie häufiger überprüft werden.

Oben: Die Keilriemenspannung sollte bei ± 12 mm liegen. Rutscht der Keilriemen, drehen sich Wasserpumpe und Lichtmaschine zu langsam. Zu starke Spannung verkürzt seine Lebensdauer und die der Lager.
Rechts: Zunächst müssen die Lagerschrauben gelöst werden. Dann wird die Lichtmaschine in dem Langlochband gedreht. Dabei kann man, falls nötig, einen Hammerstiel oder ähnliches einsetzen.

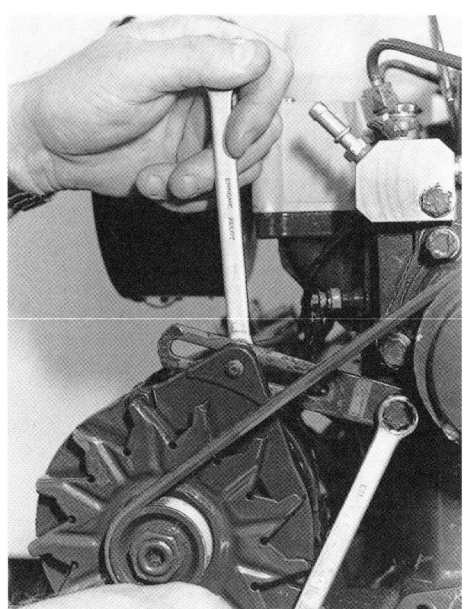

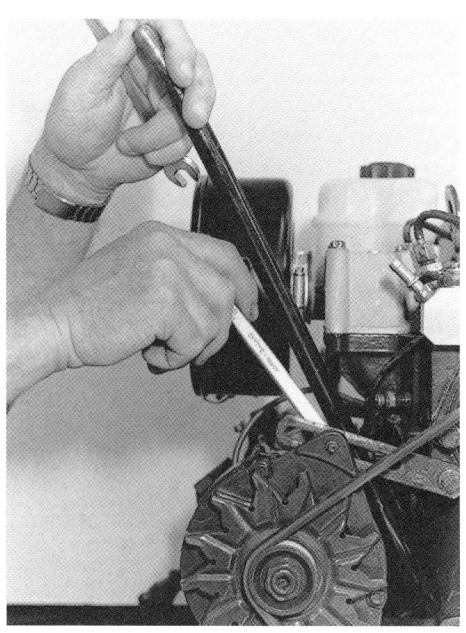

B. Kontrollen bei laufendem Motor

Bei laufendem Motor ist unbedingt darauf zu achten, daß weder Haare, Halstücher, Finger o.ä. in drehende Teile geraten. Besser ist es, aus einiger Distanz mit einer Taschenlampe nach Wasser-, Kraftstoff- und Ölleckagen sowie ungewöhnlichen Vibrationen zu suchen.

Wasserleckagen

Wasserleckagen sind vielfach leichter auszumachen, wenn der Motor läuft und die Betriebstemperatur erreicht ist. Bei Motoren mit indirekter Kühlung kann man ein Leck zwischen dem abgeschlossenen Frischwasser- und dem äußeren Seewasserkreislauf – der je nach Umgebung auch mit Süßwasser gefüllt wird – leicht daran ausmachen, daß aus der Überlaufleitung neben dem Kühlwasserdeckel Wasser austritt.

Das liegt daran, daß Seewasser in den Frischwasserkreislauf eingedrungen ist. Grundsätzlich liegt der Fehler im Wärmetauscher oder in seinen Anschlüssen. Dies kann nur bei stillstehendem Motor behoben werden. Anschließend ist das Frischwasser mit der notwendigen Menge Wasser und Frostschutzmittel aufzufüllen, damit im Kühlsystem keine Korrosion entsteht.

Kraftstofflecks

Das ganze Kraftstoffsystem ist sorgfältig nach der kleinsten Leckage abzusuchen. Nicht nur der nachfolgende Gestank, der Crewmitglie-

Oben: Über die Schraube in dem Langlochband reguliert man die Keilriemenspannung. Dazu braucht man zwei Schraubenschlüssel.
Links: Diese Lichtmaschine wird mit einer Stange in Position gehalten, bis die Schrauben fest angezogen sind.

Eine häufige Ursache für den Ausfall eines Motors, den man bereits am Zündschlüssel feststellt, sind lose Batterieanschlüsse. Damit der Stromkreislauf optimal funktioniert, müssen die Kontakte eingefettet und regelmäßig nachgezogen werden.

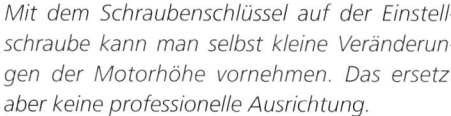

Mit dem Schraubenschlüssel auf der Einstellschraube kann man selbst kleine Veränderungen der Motorhöhe vornehmen. Das ersetzt aber keine professionelle Ausrichtung.

Die Auspuffleitungen sollten an jeder Anschlußstelle mit zwei Schlauchschellen befestigt sein, weil Vibrationen sie leicht lösen.

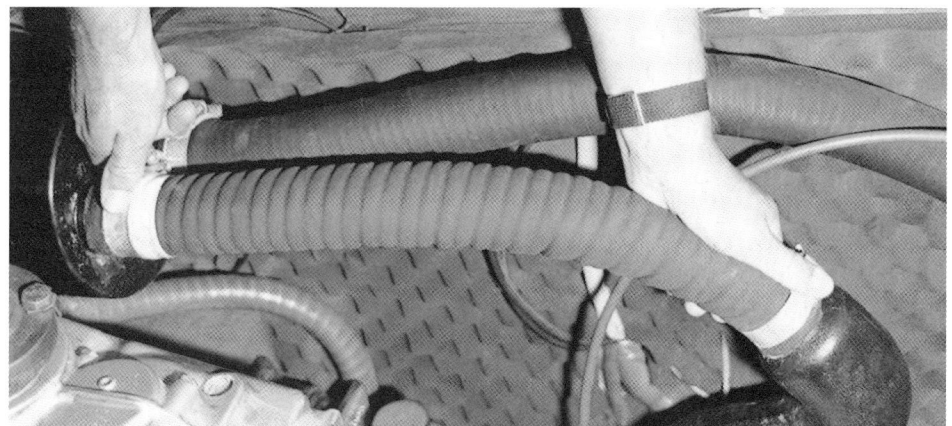

Eine saubere Maschine macht jede Fehlersuche leichter. Wasser- und Ölleckagen sind dann schnell ausgemacht und können behoben werden. Abbröckelnde Farbe an einem alten Motor kann ein Hinweis auf lokale Überhitzung sein.

der seekrank werden läßt, sondern auch die Gefahr, die davon ausgeht, daß Dieselkraftstoff viele Materialien in kurzer oder nach längerer Zeit zersetzt, macht eine sorgfältige und regelmäßige Kontrolle notwendig. Reparaturen sind nur bei stillstehender Maschine möglich.

Motoröllecks

Es gibt nur wenige Motoren, die kein Öl verlieren, aber bekanntlich sind schon eine Reihe von Tropfen ärgerlich. Ist die Leckage ernsthaft, muß man sie genau unter die Lupe nehmen, den Ölstand bis auf das erlaubte Minimum absenken (Öl absaugen) und das Problem sobald wie möglich lösen.

Beim Austauschen von Packungen, Stopfen oder Dichtungen müssen die Auflageflächen absolut sauber sein. Am besten benutzt man

Original-Ersatzteile der Hersteller. Gummidichtungen können aus unterschiedlichstem Material sein; am gebräuchlichsten sind Dichtungen aus Nitril für Mineralöle und aus Neopren für Wasserleitungen.

Umweltverschmutzungen durch öliges Bilgewasser werden heute streng geahndet. In fast jeder Marina findet man mittlerweile Behälter zum Entsorgen von Altöl. Bei Kontrollen durch Behörden wird darauf geachtet, daß Öl-Absaugtücher oder Öl-Bindekissen in der Bilge liegen.

Außergewöhnlich starke Vibrationen

Das kann unterschiedlichste Ursachen haben: ein Zylinder kann ausgefallen sein, die Welle eine Unwucht oder die Motorlager sich gelöst haben. Solche Probleme lassen sich natürlich nur bei abgestellter Maschine beheben.

Wichtiges Werkzeug

- 1 Satz Schlitz-Schraubendreher von klein (für Elektroarbeiten) bis groß
- 1 Satz Kreuzschlitz-Schraubendreher
- 1 Satz Ring-Maulschlüssel, vorzugsweise mit flachen Köpfen
- 1 Schlagschraubersatz
- 1 Satz Doppelringschlüssel, gekröpft
- 1 Satz Sechskant-Schraubendreher
- Winkelschraubendreher mit Flachschlitz und Kreuzschlitz
- Fühlerlehre
- Eine Auswahl an Feilen
- Wasserpumpenzange oder Parallelbackenzange in zwei Größen

- Kombizange, Storchenschnabelzange, Seitenschneider
- Originalersatzteile für den Motor
- Puk-Säge mit Ersatzblättern
- Stabiles Messer
- Vielfachstrommeßgerät (Multimeter)
- Spiegel (7 cm ø oder mehr)
- Loctite-Dichtungsmittel
- Lötlampe mit Lötmittel
- Parallelschraubstock mit 20 cm-Backen
- Spanndraht
- Hammer

Serviceplan

Man studiere die Betriebsanleitung und folge den Empfehlungen der Hersteller. Ein typischer Serviceplan sieht folgendermaßen aus:

täglich:
- alle Grundchecks (Motoröl, Tankfüllung, Ladekontrolle, Öldruck, Wasseraustritt am Heck ...)
- Vorfilter/Wasserabscheider lenzen
- Seewasserfilter inspizieren

alle 100 Betriebsstunden:
- Wasserabscheider lenzen
- Vorfilterwechsel
- Feinfilterwechsel
- Ölwechsel
- Ölfilterwechsel
- Getriebeölkontrolle

jährlich:
- Keilriemen erneuern
- Impellerkontrolle
- Schläuche und Schlauchklemmen inspizieren
- Zinkanodenwechsel
- Luftfilter reinigen oder austauschen
- Getriebeölwechsel

nach Bedarf (Werkstatt-Arbeiten):
- Einspritzdüsen einstellen
- Totalüberholung des Motors

10. Pfleglicher Umgang mit der Maschine

Will man einen Dieselmotor nach längerem Stillstand oder Ölfilterwechsel starten, sollte man in folgenden einfachen Schritten vorgehen.

Zunächst stellt man den Ganghebel auf Neutral. Dann öffnet man das Seewasserventil und die Kraftstoffleitungen, stellt den Dekompressionshebel – sofern vorhanden – nach oben und dreht mit der Anlaßkurbel den Motor etwa zwanzigmal durch. Es geht auch mit dem Anlasser, wenn man gleichzeitig den Stopphebel zieht. Der Sinn ist, daß vor dem Start Motoröl zu allen Teilen im Motor gelangt.

Zum Start stellt man den Gashebel auf 1200–1500 U/min – es sei denn, die Hersteller empfehlen andere Umdrehungszahlen. Einige Motoren brauchen Vollgas, d.h. den vollen Kraftstoffzufluß.

Für den Kaltstart bieten sich Hilfen an, die man auch einsetzen sollte – wie Glühkerzen, eingebaute Vorheizeinrichtung oder Spezialkraftstoff (mit Benzin vermischter Dieselkraftstoff; dadurch niedriger Flammpunkt).

Nach dem Anspringen des Motors sollte er sich bei 1200–1500 U/min warmlaufen. Dabei sind folgende Dinge zu kontrollieren:
1. Kühlwasser muß aus dem Auspuff austreten.
2. Die Öldruck-Kontrolleuchte muß erlöschen.
3. Die Ladekontrolleuchte muß erlöschen.

Normaler Start

Bei warmem Wetter müssen die meisten Motoren nicht mit einer Kaltstart-Prozedur gestartet werden. Sie springen unmittelbar an. Sogenannte Langsamläufer brauchen eventuell die Kaltstarthilfen, besonders solche, die nur mit Spezial-Kraftstoff in Gang kommen.

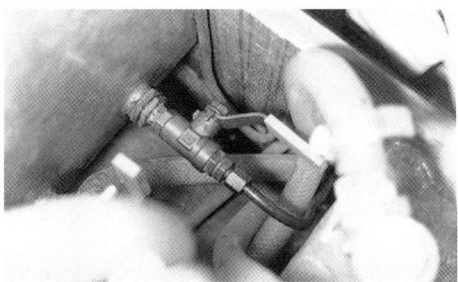

Allen Crewmitgliedern muß bekannt sein, wo sich das Diesel-Absperrventil befindet. Für den Fall eines Brandes sollte es nahe am Tank, aber außerhalb des Motorraumes liegen.

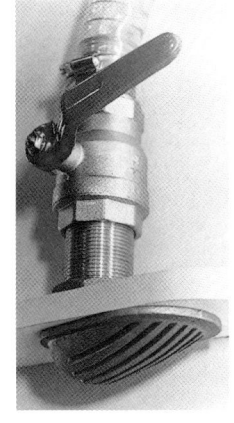

Das Sieb an der Bordwanddurchführung der Seewasserleitung ist der erste Schutz vor groben Verunreinigungen. Es setzt sich leicht mit Seepocken, Tang oder anderen Wasserpflanzen zu – mit der Folge, daß der Motor überhitzt.

Dieser Zweizylindermotor hat einen Dekompressionshebel, der den Handstart ermöglicht. Man drückt den Hebel nach hinten, und anschließend dreht man einige Male mit der Handkurbel, um Kraftstoff anzusaugen und die Schwungscheibe auf Touren zu bringen.

Dreht der Motor so schnell, wie es die eigene Kraft zuläßt, stellt man den Dekompressionshebel zurück. Dadurch werden die Auslaßventile geschlossen, und der Motor bekommt die nötige Kompression, um zu zünden.

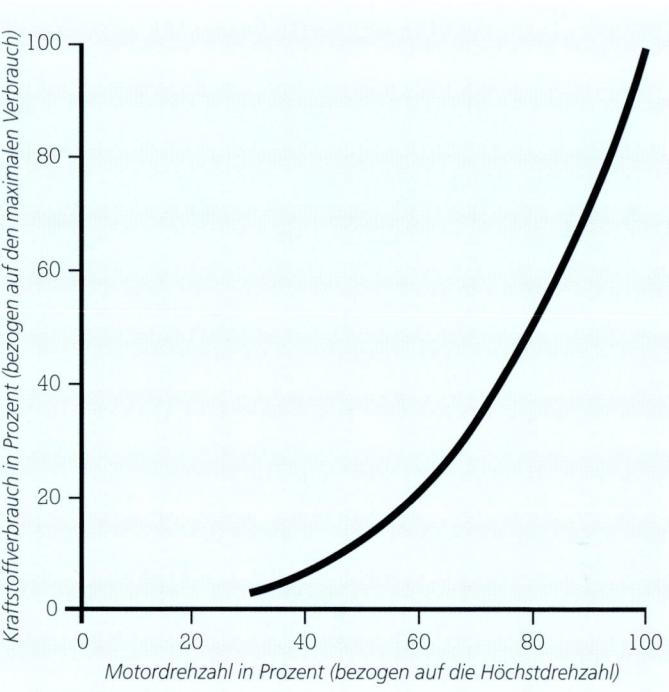

Ein Dieselmotor mit einem korrekten Propeller verbraucht bei höchster Drehzahl etwa 0,2 Liter Kraftstoff pro Stunde und PS. Der Verbrauch ist jedoch nicht linear, wie die Graphik zeigt: bei 80% der Höchstdrehzahl halbiert sich der Verbrauch. Es lohnt sich also, auf den Tourenzähler zu schauen.

Kraftstoffverbrauch in Prozent (bezogen auf den maximalen Verbrauch)

Motordrehzahl in Prozent (bezogen auf die Höchstdrehzahl)

Die Bug- und Heckwellen bei diesem Halbgleiter zeigen, mit welcher Energie die Motoren arbeiten. Entsprechend hoch ist ihr Spritverbrauch.

Steht der Ganghebel auf Neutral und sind Seewasser- und Kraftstoffventil offen, kann man den Motor über den Anlasser starten. Dabei drückt man auf den Anlasserknopf oder dreht an dem Zündschlüssel. Springt der Motor dann nicht an, setzt man die Kaltstartprozedur in Gang.

Verzögerungen beim Start können auch an verdreckten Einspritzdüsen liegen. Die müssen dann gewartet werden.

Ältere Motoren, die mit einer Anlasser-Lichtmaschinen-Kombination oder einer Anlaßkurbel ausgestattet sind, benötigen einen Dekompressionshebel, der das Auslaßventil am Kolben öffnet. Erst wenn der Motor in Schwung ist, wird der Hebel zurückgeschal-

Ein derartiger Magnetschalter macht selten Probleme – es sei denn, die Verbindung hat sich gelöst. Ein guter Skipper erkennt schnell das Problem und stoppt den Moter mit Hilfe eines am Stopphebel befestigten Drahts von Hand.

tet, die Kompression im Zylinder aufgebaut, und der Motor sollte anspringen.

Springt der Motor nicht innerhalb von 20 Sekunden an, dreht man den Zündschlüssel zurück, versucht es nach einer Pause, in der der Anlasser sich abkühlen kann, von neuem. Startet er dann immer noch nicht, dreht man das Seewasserventil zu, damit sich der Auspuff nicht mit Wasser füllt. Es könnte sonst von dort in den Motor zurückfließen.

Kommt er dann doch in Gang, sollte man nicht vergessen, das Seeventil wieder zu öffnen und folgendes überprüfen:

1. Kühlwasser muß aus dem Auspuff austreten.
2. Die Öldruck-Kontrolleuchte muß erlöschen, und/oder die Öldruckanzeige liefert den richtigen Wert.
3. Die Ladekontrolleuchte muß erlöschen, und/oder das Voltmeter zeigt den Ladestrom von mindestens 13 Volt an.

Motoren mit Turbolader müssen einige Minuten im Leerlauf warmlaufen, bevor Gas gegeben werden darf – es sei denn, die Hersteller erteilen andere Instruktionen.

Die Geschwindigkeit dieser Verdrängeryacht ist begrenzt durch ihre Länge in der Wasserlinie. Selbst mit dem stärksten Motor wird eine Yacht mit einer Wasserlinienlänge von 7,50 m nicht viel schneller als 6,5 kn laufen.

Der richtige Motoreinsatz

Die optimale Reisegeschwindigkeit eines Bootes ist natürlich von der Form, der Verdrängung bzw. dem Gewicht, der Propellergröße und der Leistungsstärke des Motors abhängig. Die Rumpfgeschwindigkeit eines Verdrängers – im Gegensatz zu einem Gleiter – läßt sich anhand einer mathematischen Formel, die auf der Länge der Wasserlinie beruht, bestimmen (s. unten).

Fährt man einen Verdränger nur ein wenig schneller als die theoretische Rumpfgeschwindigkeit, benötigt man unvergleichlich mehr Sprit. Das gleiche gilt bei starkem Gegenwind und Seegang von vorn.

Auch ein Boot, das hauptsächlich auf Flüssen und Kanälen unterwegs ist, braucht genügend Leistung, um gegen starke Strömungen und Winde anzukommen.

Der günstigste Spritverbrauch ergibt sich, wenn der Motor 20% unter seiner Höchstdrehzahl bleibt. Der Verbrauch liegt dann um die Hälfte niedriger als bei Höchstfahrt. Liegt der »Knüppel voll auf dem Tisch«, steigt nicht nur der Spritverbrauch; der Lärmpegel und die Vibrationen nehmen enorm zu. Man hört und spürt, wie sich die Maschine quält.

Rumpfgeschwindigkeit

Bei einem Verdränger liegt die maximale theoretische Rumpfgeschwindigkeit in Knoten (kn) etwa bei

2,42 x √ Länge der Wasserlinie (LWL) in Metern. Eine Yacht mit 10 m in der Wasserlinie, kann demnach über 7,5 kn laufen. Unabhängig davon sind natürlich auf Flüssen und Kanälen die vorgeschriebenen Höchstgeschwindigkeiten zu beachten.

Einige Motorenhersteller halten Graphiken bereit, die zeigen, welcher Motor und welcher Propeller eingebaut werden sollte, wenn man die berechnete Rumpfgeschwindigkeit erreichen will. Das Drehmoment an der Antriebswelle ist im wesentlichen proportional zu dem Hubraum des Motors, die Leistungsabgabe an der Welle ist proportional zu dem Drehmoment und der Geschwindigkeit.

Routineeinsatz

Die meisten Motoren müssen sich zunächst warmlaufen. Läßt man sie etwa 10 Minuten laufen, werden bereits die Batterien geladen. Dann sollte man die Routinechecks durchgehen:

1. Öldruck: Die Öldruck-Kontrolleuchte ist erloschen, der Summer ist still, oder die Öldruckanzeige liefert den richtigen Wert.
2. Kühlwasser-Temperaturanzeige: Ist die Temperatur höher als normal, muß man den Kühlwasserzufluß im Seefilter und den Abfluß am Auspuff kontrollieren. Bei möglichen Problemen siehe Kap. 4.
3. Motorgeräusche überwachen. Gibt der Motor irgendwelche ungewöhnlichen Geräusche ab, muß das Gas sofort zurückgenommen, der Ganghebel auf Neutral gestellt und der Sache nachgegangen werden. Verschwindet dabei das Geräusch, liegt es möglicherweise an Teilen, die sich im Propeller verfangen haben oder an einem beschädigten Propeller selbst.

Läuft der Motor ohne Pause, sollte man alle 7 – 10 Stunden mit der Taschenlampe eine Sichtkontrolle durchführen. Dabei ist Vorsicht vor den drehenden Teilen geboten!

Abschalten des Motors

Zum Abstellen des Motors stellt man den Gas-/Ganghebel wie bei der Morseschaltung auf Stop bzw. Neutral, drückt dann auf den Stoppknopf oder zieht den Stoppknebel. Den

Zündschlüssel dreht man erst zurück, wenn der Motor steht. Andernfalls kann das elektrische System beschädigt werden.

Der Stopp-Bowdenzug bzw. Stoppschalter betätigt ein Unterbrechungsventil an der Einspritzpumpe. Erst wenn die Maschine stillsteht, schiebt man den Knebel zurück und dreht den Zündschlüssel in die Null-Position.

Bei Motoren mit Turbolader kann es sein, daß sie vor dem Abstellen noch eine Weile im Leerlauf laufen müssen. Hier halte man sich an die Bedienungsanleitung der Hersteller.

Segeln mit stillstehender Maschine

Nach dem Abschalten des Motors ist der Rückwärtsgang einzulegen, damit die Welle blockiert wird und der Propeller sich nicht mehr im Kielwasser dreht. Andernfalls kann das Getriebe und die Stopfbuchse beschädigt werden. Bei schnellen Yachten ist der Propeller in der Regel ein zweiflügeliger Faltpropeller, der sich nach dem Abschalten des Motors und dem Einlegen des Rückwärtsganges in Faltposition legt. In diese Kategorie gehören auch der Dreiblatt- bzw. Vierblatt-Faltpropeller mit dem elliptischen High Skew-Blattprofil von Volvo Penta sowie der Max-Prop. Diese Propeller falten sich bei drehender Welle selbständig durch die Zentrifugalkräfte und die Schubwirkung vorwärts wie rückwärts auseinander. Ein gut konstruierter Dreiblatt-Faltpropeller erreicht annähernd die gleiche Schubkraft wie ein Dreiblatt-Festpropeller, hat jedoch im gefalteten Zustand einen nur 10mal geringeren Strömungswiderstand.

Kanal- und Flußfahrten

Boote mit Einbaumotoren, die für Kanal- und Flußfahrten verwendet werden, sind normalerweise schwer und brauchen ein kräftiges Drehmoment, um einen möglichst großen Propeller anzutreiben. Für seegehende Yachten und Motorboote gelten andere Maßstäbe. So gibt es zwei Entwicklungstendenzen: geringe Drehzahl und großes Drehmoment der Motoren von Binnengewässer-Fahrzeugen und schneller laufende und leichte Motoren für seegehende Fahrzeuge.

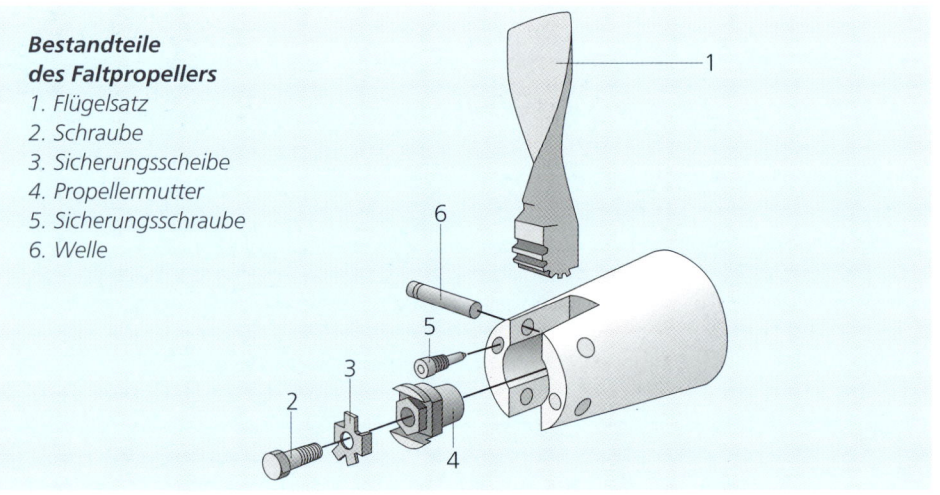

Bestandteile des Faltpropellers
1. Flügelsatz
2. Schraube
3. Sicherungsscheibe
4. Propellermutter
5. Sicherungsschraube
6. Welle

11. Fehlersuche im Überblick

Problem	Vermutliche Ursachen
Der Anlasser dreht beim Starten schwach oder gar nicht. s. Kap. 6	Ist die Beleuchtung schwach, ist die Batterie leer.
	Ist die Beleuchtung gut, kann das Starterkabel lose oder abgefallen sein.
	Batterieanschlüsse lose oder korrodierte Kabel
	Startschalter lose oder unterbrochen
	Defekter Anlasser
Der Anlasser dreht sich nur mühsam; der Motor startet nicht s. Kap. 6	Ist die Beleuchtung schwach, kann die Batteriespannung zu gering sein.
	Wasser im Motor
	Lose oder korrodierte Kabel
Der Anlasser dreht sich, aber der Motor springt nicht an. s. Kap. 2	Luft in den Kraftstoffleitungen
	Ventil in der Kraftstoffzuleitung verschlossen
	Tank nicht ausreichend voll
	Das Motorabstellventil geschlossen
	Das Kabel des Umdrehungszahlbegrenzers ist abgefallen.
	Verschmutzung des Vorfilters bzw. Wasserabscheiders
	Verdreckter Feinfilter
	Die Kraftstoffpumpe arbeitet nicht.
Der Motor überhitzt. s. Kap. 4	Kühlwasserzuleitung unterbrochen
	Impeller gebrochen
	Thermostat blockiert oder ist defekt
	Die Wasserkanäle im Motor sind verstopft.
Schwarzer Qualm aus dem Auspuff s. Kap. 3 und 7	Propeller ist unklar
	Auspuff verstopft
	Der Motor bekommt nicht genügend Frischluft.
Kein Vortrieb bei laufender Maschine s. Kap. 8	Der Propeller ist abgefallen oder der Scherstift gebrochen.
	Die Kupplung ist falsch eingestellt oder der Scherstift gebrochen.
	Der Gangbowdenzug hat sich am Getriebe gelöst.
Extreme Vibration – ungewöhnliche Geräusche s. Kap. 5 und 7	Der Propeller ist unklar.
	Eine Motoraufhängung ist lose oder gebrochen.
	Wellenkupplung lose
	Austritt von Motoröl und Absinken des Öldrucks

Hilfsmaßnahme	Anmerkungen
Umschalten auf eine andere Batterie oder auf Handkurbel. Dekompressionshebel umlegen.	Das Batterieladesystem kontrollieren. Möglicherweise ist die Batterie tot.
Das Starterkabel kontrollieren, gegebenenfalls befestigen.	
Festziehen	
Kontrollieren und befestigen.	
Ausbauen bzw. austauschen.	Den Ursachen nachspüren.
Umschalten auf eine andere Batterie oder auf Handkurbel. Dekompressionshebel umlegen.	Das Batterieladesystem kontrollieren.
Kühlwasserventil zusperren. Einspritzdüsen ausschrauben. Den Motor drehen, damit soviel Wasser wie möglich am Zylinderkopf austritt. Kontaminiertes Motoröl wechseln.	Beim Start das Seewasserventil öffnen.
Kabel kontrollieren und Kontakte wieder herstellen.	
Leitungssystem entlüften.	Der häufigste Grund bei Nichtstart des Motors.
Ventil öffnen.	Das Ventil sollte immer offen sein – außer bei speziellen Ereignissen.
Kraftstoff nachbunkern.	Das Leitungssystem entlüften.
Das Ventil öffnen oder den Magnetschalter kontrollieren.	Der Ursache dieses Problems nachgehen.
Wieder anschließen.	
Aufschrauben, reinigen, neuen Filter einsetzen, das Kraftstoffsystem entlüften.	
Das Filterelement austauschen, das Kraftstoffsystem entlüften.	Mindestens einen Ersatzfilter an Bord mitführen.
Reparieren oder austauschen.	Ersatzpumpe an Bord mitführen.
Plastiktüte oder Bewuchs entfernen.	
Seewasserventil schließen, den Impeller austauschen.	Vor dem Start das Seewasserventil öffnen.
Seewasserventil schließen, Thermostat ausbauen.	
	Motorausbau ist fällig!
Die Ursache (Leine, Netz o.ä.) entfernen.	Durch mehrmaliges Umschalten auf den Rückwärtsgang und bei geringer Umdrehungszahl kann sich der Gegenstand lösen.
Kontrolle des Auspuffs unter den Stauräumen	
Die Belüftung des Motorraums inspizieren.	
In den nächsten sicheren Hafen segeln!	
Korrekt einstellen, wenn es möglich ist; sonst s.o.	
Neu befestigen.	
Die Ursache (Leine, Netz o.ä.) entfernen.	Durch mehrmaliges Umschalten auf den Rückwärtsgang und bei geringer Umdrehungszahl kann sich der Gegenstand lösen.
Schrauben bzw. Bolzen anziehen. Gebrochene Teile austauschen.	
Bolzen nachspannen.	
Möglicherweise sind die Motorlager defekt.	

12. Fehlersuche im Einzelnen

Der Anlasser macht keinen Versuch zu drehen.

1. Überprüfen, ob die Batteriekontakte festsitzen, sauber und eingefettet sind. Der Anlasser braucht viel Strom. Deshalb ist es wichtig, daß die Batteriekontakte und die Kabel nicht korrodiert sind. Sonst ist der elektrische Widerstand zu groß.

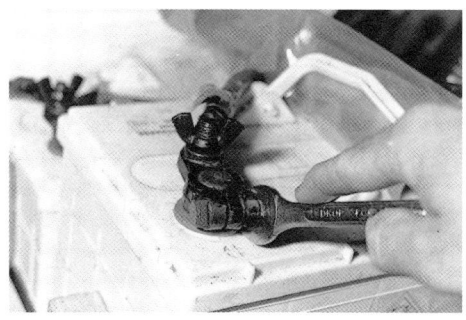

Bei Problemen mit dem Anlasser ist der erste Kontrollpunkt die Batterie – besonders deren Anschlüsse.

2. Die Kontakte zu dem Anlasser und dem Batterieumschalter kontrollieren. Die Gründe sind die gleichen wie bei 1.

3. Die Batteriespannung mit einem Voltmesser oder Vielfachmeßgerät (Multimeter) überprüfen – insbesondere, wenn der Anlasser zwar dreht, aber nicht auf Touren kommt. Schaltet man die Salonbeleuchtung ein, kann man ungefähr den Batteriezustand erahnen.

4. Die Kabel am Anlasserknopf oder Zündschloß überprüfen. Die Kontakte können unterbrochen oder korrodiert sein.

5. Der Anlasser klemmt. Vielleicht kann man ihn durch Drehen des Motors mit der Kurbel freisetzen, um es erneut zu versuchen.

Der Anlasser dreht, aber der Motor springt nicht an.

1. Überprüfen, ob Kraftstoff im Tank und der Absperrhahn am Tank offen ist.

2. Kontrollieren, ob der Motorstopphebel in Normalstellung ist. Hebel, die über Bowdenzüge bedient werden, bleiben leicht in der Off-Stellung stehen. Magnetschalter klemmen gelegentlich in gleicher Stellung, oder die Rückholfeder ist abgesprungen oder gebrochen.

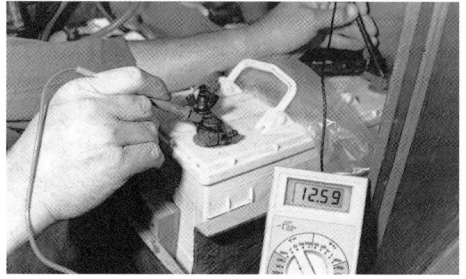

Überprüfung einer Batterie mit einem Meßgerät. Eine volle Batterie sollte eine Ruhespannung von 12,7 V haben. Bei 11,6 V gilt sie als leer, bei 10,5 V ist sie vollständig entladen.

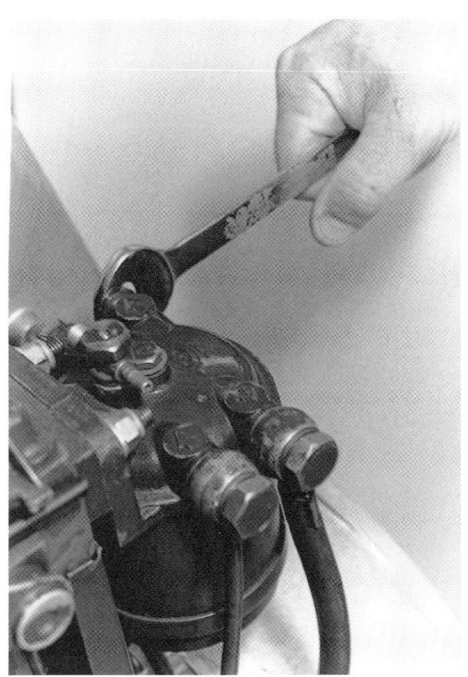

1. Entlüftungsschraube oder Ausgangsleitung am Feinfilter lösen.

2. Mit dem Handhebel der Kraftstoffmembranpumpe solange pumpen, bis Kraftstoff an der Entlüftungsschraube des Feinfilters austritt.

3. Entlüftungsschraube der Einspritzpumpe lösen, bis blasenfreier Kraftstoff austritt.

4. Überwurfmutter an den Düsenstöcken lösen. Dabei Motor mit Kurbel oder Anlasser drehen.

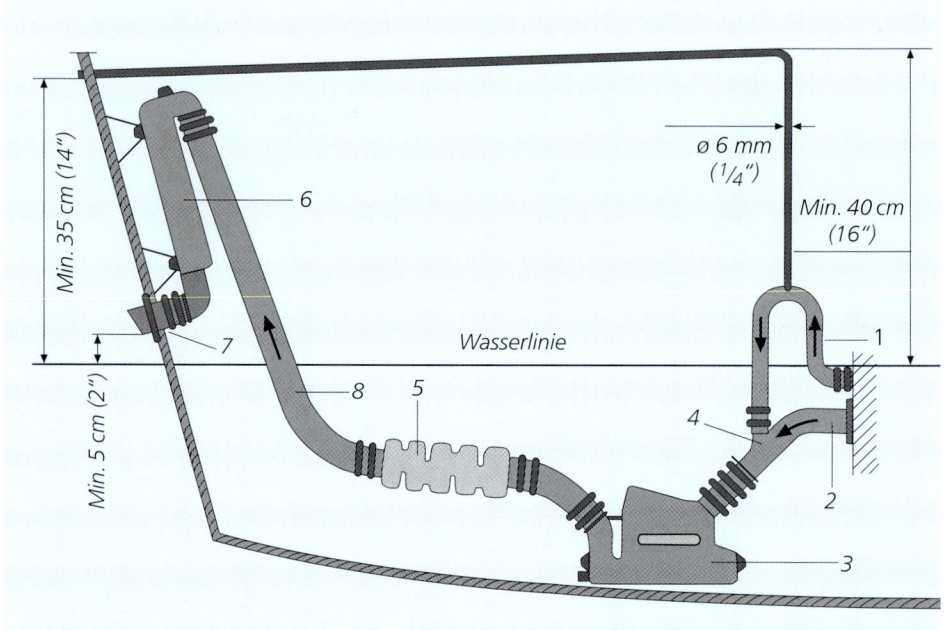

Wasserlinie

ø 6 mm (¹⁄₄")
Min. 40 cm (16")
Min. 35 cm (14")
Min. 5 cm (2")

1. Kühlwasseraustritt
2. Abgasaustritt
3. Wassersammler
4. Anfang des nassen Systems
5. Schalldämpfer
6. Schwanenhals
7. Auspuff-Spiegeldurchführung
8. Auspuffschlauch

3. Durch Betätigen des Handhebels an der Förderpumpe überprüfen, ob Kraftstoff in die Niedrigdruckleitung gelangt. Dazu löst man die Entlüftungsschraube am Feinfilter.

4. Kontrollieren, ob der Gashebel im Cockpit mit dem Regelhebel am Motor verbunden ist und richtig arbeitet.

5. Überprüfen, ob die Hochdruckleitung zwischen Einspritzpumpe und Einspritzdüsen eine undichte Stelle aufweist. Die Leitungen können brechen; es können sich Haarrisse bilden oder Verbindungsschrauben lösen.

6. Nachschauen, ob der Vorfilter verdreckt ist. Gibt es keinen Vorfilter sondern nur einen Wasserabscheider, überprüft man den Feinfilter auf Schmutz in der Weise, daß man die Entlüftungsschraube löst und den Handhebel an der Förderpumpe betätigt.

7. Die gesamte Niedrigdruckleitung auf Lecks untersuchen – insbesondere, wenn der Tank niedriger liegt als der Motor.

8. Die wahrscheinlichste Ursache ist Luft im System. Man muß das System – wie in Kap. 2 beschrieben – entlüften. (Ein Leck im Niedrigdruckteil des Systems fällt nicht so schnell auf, weil durch das Loch eher Luft angesogen als Kraftstoff ausgestoßen wird.) Alle Schraubverbindungen auf der Förderseite müssen überprüft werden.

Der Anlasser dreht den Motor nicht durch.

1. Die wahrscheinlichste Ursache ist eine Batterie mit zu geringer Spannung. Folglich die Spannung mit einem Voltmesser nachprüfen. Motoren, die sich nur elektrisch starten lassen, sollten eine eigene, unabhängige Starterbatterie haben, die immer als erste geladen wird.

2. Wasser im Motor kann ebenfalls den Motor blockieren. Seewasser, das über die Auspuffanlage – schwere, nachrollende Brecher können Seewasser bis in den Motor drücken! – oder über die Kopfdichtung eindringt, ruiniert die Kolben. Beim Versuch, den Motor mit Wasser in den Zylindern zu starten, können Kurbelwelle, Pleuelstangen oder Kolben selbst brechen.

Eine Klappe außen vor dem Auspuff, ein Schwanenhals, eine Belüftungsleitung – all das sind Dinge, die einen gravierenden Schaden durch von achtern anrollende Brecher verhindern können. Vermutet man Wasser im Motor, sollte man die Einspritzdüsen herausziehen und versuchen, den Motor durchzudrehen.

Der Motor überhitzt.

Das kann man an folgenden Dingen leicht erkennen:

1. Das Motorgeräusch verändert sich. Der Motor klingt gequält.

2. Die Temperaturanzeige steht höher als normal.

3. Qualm. Das kann an einem brennenden Auspuffrohr oder/und – wenn die Auspuffanlage wassergekühlt ist – einem schmelzenden Wassersammler oder anderen Plastikteilen liegen.

4. Aus dem Auspuff tritt am Heck kein Kühlwasser aus.

5. Der Motor stoppt oder hat sich komplett festgefressen.

Leichter Zugang zu allen Motorteilen erleichtert die Wartung und macht Notfälle nicht zum Trauma. Diese Motorinstallation auf dem Boot des Autors ist einige Jahre alt.

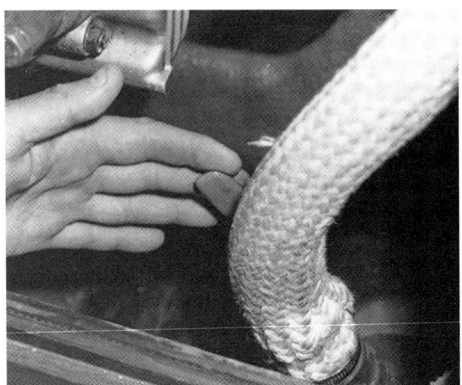

Überhitzt der Motor, überprüft man als allererstes das Seeventil. Der Hebel muß parallel zum Schlauch stehen.

Eine Unterbrechung des Kühlwasserflusses kann unterschiedliche Gründe haben:

1. Eine Plastiktüte beispielsweise kann die Bordwanddurchführung des Seewasserventils verstopfen. Das nimmt man gar nicht so leicht wahr. Durch Stoppen des Motors löst sich das Teil eventuell vom Rumpf. Bei einem Seewasserfilter, der einen durchsichtigen Plastikdeckel hat, kann man schnell feststellen, ob Wasser einströmt.

2. Das Seewasserventil ist geschlossen, weil man vergessen hat, es zu öffnen, oder weil sich Innenteile des Ventils festgefressen haben. Seepocken oder Seetang können sich im Ventil festsetzen. Alle Ventile müssen im Winter an Land überprüft und gereinigt werden. Gute Dienste leistet ein Sieb vor der Bordwanddurchführung.

3. Salzablagerungen und Schmutz können die Wasserkanäle im Motor verstopfen.

Das geschieht langsam, kann aber äußerst effektiv sein. Dieses Problem tritt vornehmlich bei Motoren mit direkter Seewasserkühlung auf. Besondere Pflege bei den Überholungsarbeiten im Winter kann den Zeitraum bis zu einer größeren Überholung des Kühlsystems strecken (s. Kap. 13). Ist die Effektivität eines Wärmetauschers im indirekten Kühlkreislauf vermindert, kann das ebenso an Salz und Schmutz liegen.

4. Der Gummi-Impeller ist beschädigt oder gebrochen. Die Flügel des Impellers werden stark beansprucht und können gelegentlich brechen. Ein Impeller läßt sich in der Regel leicht wechseln. Sämtliche Reste des alten Impellers müssen sorgfältig beseitigt werden, sonst verstopfen sie die Kühlkanäle im Motorblock.

Ein Impeller kann auch dadurch ausfallen, daß dieser auf der Welle rutscht. Ein nicht intakter Impeller ist in der Regel der erste Grund, warum ein Motor trocken läuft. Der Impeller wird durch das Wasser »geschmiert«. Läuft er selbst nur kurze Zeit trocken, muß er kontrolliert und, weist er Beschädigungen auf, ersetzt werden. Die Flügel werden gegen die Drehrichtung nach hinten gebogen eingesetzt. Das geht leichter, wenn man sie mit einer Spur Vaseline oder ein paar Tropfen Petroleum einschmiert.

5. Ausfall des Thermostaten. Ein Thermostat, der nicht schließt, verhindert die Kühlwasserzirkulation im Motorblock. Das Resultat ist Überhitzung. Hat man den Thermostat in Verdacht, kann man ihn vorübergehend ausbauen und ohne ihn mit mittlerer Drehzahl in den nächsten Hafen fahren.

Am besten entfernt man den Impeller mit einer Wasserpumpenzange. Impeller gibt es in verschiedenen Größen und mit unterschiedlichsten Befestigungsarten auf der Welle. An der Stirnseite der Welle erkennt man, in welcher Form der Impeller festgehalten wird: mit Zahnwelle, mit einer Schraube, durch eine abgeflachte Welle, durch eine Welle mit Nut und Feder oder durch einen Stift in einem Schlitz. Vor dem Einsetzen eines neuen Impellers sollte man sich vergewissern, ob das Innere des Pumpengehäuses absolut sauber ist. Dann setzt man den Impeller mit Fett ein und verschließt das Gehäuse mit einer neuen Dichtung.

Der Thermostat sitzt in einem Gehäuse, leicht erreichbar an der Front des Motors. Arbeitet er nicht, kann entweder der Motor überhitzt werden oder umgekehrt durch zu starke Kühlung nicht seine nötige Betriebstemperatur erreichen.

Hat man das Thermostatgehäuse geöffnet, kann man den Thermostat entnehmen und die Andruckflächen und Anschlußschläuche reinigen.

Zur Kontrolle legt man den Thermostat mit einem Thermometer in ein Gefäß mit Wasser und erhitzt es. Der Thermostat muß sich bei der vorgeschriebenen Temperatur öffnen.

Am Auspuff schwarzer Qualm

Das kommt daher, daß der Motor überlastet ist. Es wird mehr Leistung abgefordert als der Motor produzieren kann. Ursachen sind:

1. Im Propeller hat sich eine Leine, ein Netz oder ein anderes Teil verfangen.

2. Der Propeller ist für den Motor zu groß.

3. Der Querschnitt des Auspuffs ist zu klein; vielleicht liegen schwere Teile auf dem Rohr oder es wird bei einem Schottdurchbruch gequetscht.

4. Die Zündpunkteinstellung stimmt nicht. Kontrollieren, ob die Befestigungsbolzen an der Einspritzpumpe stramm angezogen sind.

Schalthebel und Bowdenzüge werden mit der Zeit schwergängig. Bevor man Gewalt anwendet, sollte man kontrollieren, ob irgend etwas das Kabel oder den Schalthebel am Getriebe blockiert.

5. Der Motor bekommt zu wenig Luft. Kontrollieren, ob die Luftzufuhr zum Motorraum frei ist bzw. ob die Ventilatoren arbeiten oder der Luftfilter am Motor verdreckt ist.

Der Motor läuft, aber der Propeller will sich nicht drehen.
Das liegt vielfach ganz einfach daran, daß zwischen dem Motor und dem Propeller keine Verbindung besteht. Das kann verschiedene Ursachen haben:

1. Der Propeller ist abgefallen.

2. Der Längskeil in der flexiblen Wellenkupplung oder am Propeller ist herausgefallen oder abgeschoren. Bei der Kupplung läßt sich das leicht feststellen und ersetzen. Hat ein Taucher festgestellt, daß der Längskeil am Propeller abgeschoren ist, muß das Boot aus dem Wasser gehoben werden.

3. Das Getriebe ist ausgefallen. Da kann man ohne professionelle Hilfe wenig tun.

4. Der Bowdenzug zum Getriebe hat sich gelöst. Entweder befestigt man den Bowdenzug oder schaltet mit der Hand direkt am Getriebe. Das könnte in Marinas oder in der Nähe anderer Boote nicht ganz einfach sein.

Der Motor setzt gelegentlich aus.
Das kann an Überhitzung oder mangelnder Frischluftzufuhr zum Motor liegen. Sollen Motoren korrekt laufen, müssen sie ausreichend mit Luft versorgt werden; andernfalls

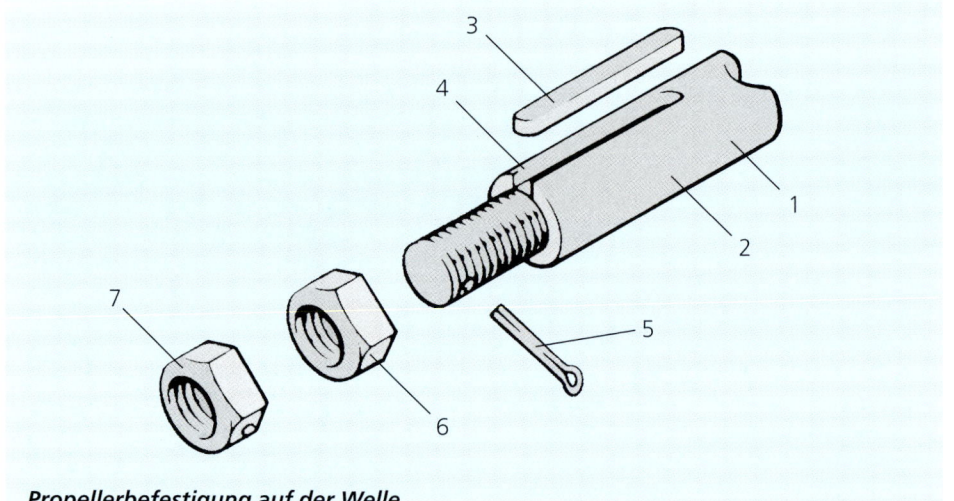

Propellerbefestigung auf der Welle
1 Welle. 2 Konusteil. 3 Keil. 4 Nut. 5 Splint für die Propellermutter. 6 Propellermutter.
7 Kontermutter.

laufen sie unregelmäßig oder setzen total aus. Es gibt drei mögliche Ursachen:

1. Der Luftfilter am Motor ist verstopft.

2. Die Ventilation zur Belüftung des Motorraumes wird durch Ausrüstungsteile wie Rettungsinsel, Rettungsringe, Leinen o.ä. verstopft.

3. Eine blockierte Tankentlüftung kann verhindern, daß der Kraftstoff zum Motor gelangt. Das läßt sich leicht dadurch feststellen, daß man eine Schraube am Tankdeckel löst. Einströmende Luft und ein sich plötzlich mit Knall ausbeulender Tank sind klare Indizien.

Am Auspuff blauer oder weißer Qualm
Anhaltend blauer Qualm deutet immer darauf hin, daß Motoröl in die Zylinder gelangt.

Ursachen sind: Ölstand zu hoch; wenn nicht: abgenutzte Kolben oder Kolbenringe, schlecht sitzende Ventile, falsche Pumpen- oder Ventilsteuerung; alles Arbeiten für den Fachmann.

Anhaltend weißer Qualm (nicht zu verwechseln mit dem Wasserdampf aus dem Wassersammler, der die Auspuffgase kühlt) bedeutet, daß Wasser in die Zylinder gelangt.

Ursachen sind: Wasser im Kraftstoff, undichte Zylinderkopfdichtung, unterkühlter Motor oder Riß im Motorblock. Im letzten Fall bedeutet das Totalschaden.

Die Batterie wird über die Lichtmaschine nicht geladen.
Ein laufender Dieselmotor braucht für sich selbst keinen Strom, dennoch sollte er Strom produzieren, wenn die Motor- und/oder die

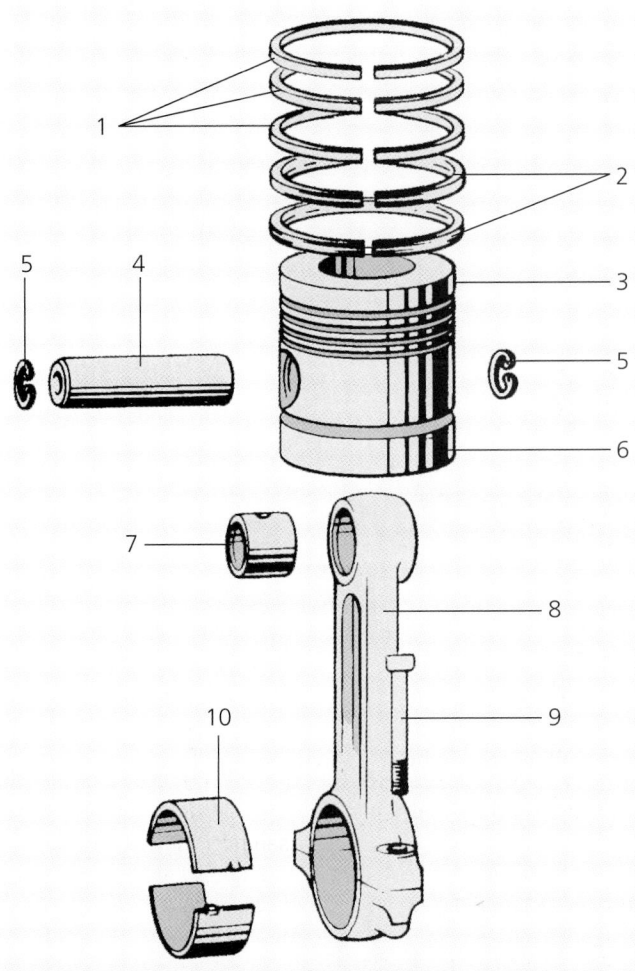

Bei einer Überhitzung des Motors kommen als erstes die Kolben und die Pleuelstangen zu Schaden. Beschädigte Zylinder und Kolbenringe verringern die Kompression, erschweren den Start und führen zu erhöhtem Ölverbrauch. Die Endstufe des Verschleißes kündigt sich mit niedrigem Kompressionsdruck an.
1 Kolbenringe. 2 Ölabstreifringe. 3 Kolben. 4 Kolbenbolzen. 5 Sicherungsringe. 6 Kolben-mantel. 7 Kolbenbolzenlager. 8 Pleuelstange. 9 Bolzen. 10 Pleuelstangenlager.

Versorgungsbatterie für die Bordelektrizität nachgeladen werden müssen. Häufigste Ursachen für den Ausfall des Ladestroms sind:

1. Der Keilriemen für die Lichtmaschine ist lose oder rutscht. Das kann relativ einfach behoben werden.

2. Die Kabel an der Lichtmaschine sind lose oder korrodiert. Alle Kontakte kontrollieren. Achtung: Eine Kontaktunterbrechung von der drehenden Lichtmaschine zur Batterie zerstört den Gleichrichter in der Lichtmaschine, der den Wechselstrom in Gleichstrom umformt.

Die Batterie wird überladen.

Die Stromabgabe der Drehstromlichtmaschine reguliert sich über Transistoren selbst; einige Geräte haben eine zusätzlich eingebaute Sicherung. Funktioniert sie nicht oder stimmen die Kontakte nicht, gibt die Lichtmaschine gnadenlos maximale Leistung ab und überlädt die Batterie. In den Zellen entwickelt sich Gas, die Batteriesäure verdampft. Am Ende trocknen die Zellen aus – und die Batterie ist nicht mehr verwendungsfähig. Zeigt das Amperemeter einen unnormalen Ausschlag, sollte man die Sicherung überprüfen.

Die Drehzahl des Motors nimmt deutlich ab.

Der Drehzahlmesser wird vielfach über Impulse von der über den Keilriemen angetriebenen Lichtmaschine gesteuert. So kann es sein, daß der Motor ganz normal dreht, der Drehzahlmesser aber etwas anderes anzeigt.
Dann sollte als erstes die Keilriemenspannung überprüft werden. Möglicherweise

rutscht der Keilriemen. Bei vielen Motoren wird auch die Seewasserpumpe über den Keilriemen angetrieben, was dazu führen kann, daß der Motor aufgrund eines rutschenden Keilriemens nicht ausreichend mit Kühlwasser versorgt wird und heiß läuft.

Außergewöhnliche Vibrationen und Motorgeräusche

Dieselmotoren sind von Natur aus laut. Flexible Motorlager als Schwingungsdämpfer und gute, schallschluckende Matten im Motorraum können den Lärm auf ein erträgliches Maß reduzieren. Nimmt man außergewöhnliche Vibrationen und Motorgeräusche wahr, kann es unterschiedliche Gründe haben:

1. Eine Leine oder andere Fremdkörper im Propeller können bei den Drehungen gegen den Rumpf schlagen. Die dadurch verursachte Unwucht kann zu starken Vibrationen führen.

2. Ein loser oder gebrochener Wellenbock.

3. Ein loses oder gebrochenes Motorlager.

4. Der Wellenschaft hat sich gelöst.

5. Der Motor hat Öl verloren, oder ein Motorschaden kündigt sich an, weil Wasser in den Motor eingedrungen ist.

Ein loses Motorlager kann sehr heftige Vibrationen auslösen und zudem Wellenbock und Stopfbuchse zerstören. Dann dringt mit Sicherheit Wasser ins Boot. Im schlimmsten Fall sinkt es.

Probleme beim Dieselmotor

Symptome	Mögliche Ursachen (Schlüssel siehe unten)
Motor startet und bleibt stehen	1,2,3,4,5,6,7
Unregelmäßiger Leerlauf	1,2,3,4,7,8,9,10,11
Aussetzer	2,3,7,8,10,11,13,14,15,16,17,18,19,20,31
Klopfen	2,7,8,9,10,11,13,15,18,19,21,22,31
Motor erreicht nicht Höchstdrehzahl	2,3,4,6,7,8,10,13,14,15,16,17,18,19,20, 23,24,29
Schwarzer Auspuffqualm	6,7,8,10,14,15,16,17,19,20,23,24,25,27,31
Weißer Auspuffqualm	2,10,12,15,16,17,29,31
Blauer Auspuffqualm	13,23,28,30

Störungsursachen

1. Leerlauf-Einstellung zu niedrig
2. Luft in Kraftstoffleitung
3. Kraftstofffilter verdreckt
4. Kraftstoffförderpumpe defekt
5. Kraftstofftank nahezu leer
6. Verschmutzter Luftfilter
7. Verklebte Ventile oder Kipphebel
8. Verdreckte oder nicht intakte Einspritzdüsen
9. Gebrochene Ventilfeder(n)
10. Falsch eingestellte Einspritzpumpe
11. Hochdruckleitung(en) lose oder defekt
12. Wasser im Kraftstoff
13. Defekte oder verklebte Kolbenringe oder ausgeschlagene Zylinderbohrung
14. Nicht intakte Einspritzpumpe
15. Falsch eingestellte Ventilsteuerung
16. Zu geringe Kompression
17. Undichte Zylinderkopfdichtung
18. Überhitzter Motor
19. Falsches Ventilspiel
20. Defekte Ventile oder ungenauer Ventilsitz
21. Zu geringer Öldruck
22. Verstopfte Bohrungen innerhalb der Ölschmierung
23. Ausgeschlagene Ventilführungen
24. Verschmutzter oder defekter Turbolader
25. Überlastung des Motors (aufgrund eines falschen Propellers oder zu starken Bewuchses des Unterwasserschiffs)
26. Defekter Ladedruckregler
27. Verstopfter Auspuff
28. Zu viel Motoröl
29. Unterkühlter Motor
30. Leckende Dichtung am Turbolader
31. Defekte Kaltstartanlage oder falsche Handhabung

(aus Betriebsanleitungen zu Perkins-Motoren zusammengestellt)

13. Motorkonservierung

Wird eine Yacht für längere Zeit an Land gestellt, kann man mit wenigen Arbeiten, die Lebensdauer des Motors deutlich verlängern. Die Hauptfeinde sind Rost und Frost. Davor müssen alle Aggregate geschützt werden. Am besten folgt man ganz pingelig den Anweisungen der Hersteller, wobei es deutliche Unterschiede zwischen den einzelnen Motoren eines Herstellers geben kann.

Kühlsystem
Man sollte die Schläuche, Anschlüsse und Schlauchklemmen auf Lecks, Abnutzung und Rost untersuchen und gegebenenfalls austauschen.

Zweikreis-Kühlung
Das alte Wasser ablaufen lassen, mit Frischwasser durchspülen und dann neu mit Frischwasser und Frostschutzmittel füllen. Beim Durchspülen sollte auch der Wärmetauscher entleert werden. Anschließend den Motor auf Betriebstemperatur bringen, damit das Frostschutzmittel in alle Systeme gelangt.
Neigt die Maschine zum Heißlaufen, sollte man den Wärmetauscher ausbauen und rei-

In der Winterzeit, wenn das Boot an Land liegt, bietet sich die Gelegenheit, an einem Kursus über Pflege und Wartung eines Dieselmotors teilzunehmen. Ideal wäre ein Kursus, der den eigenen »Flautenschieber« behandelt. Trotz eines klinisch reinen Schulungsraumes und sauberen »Operationstisches« bekommt man erste Hinweise, die später an Bord helfen, sich in dem unübersichtlichen und dunklen Motorraum zurechtzufinden. Ebenso wichtig ist es, daß darauf hingewiesen wird, wie der »Schmiermaxe« aussehen sollte, und daß er von Zeit zu Zeit ein paar Streicheleinheiten braucht, bevor er sich als überflüssiger Ballast abmeldet – und streikt, wenn er wirklich gebraucht wird.

nigen. Auch wenn die Maschine normale Betriebstemperaturen hat, empfiehlt es sich, ihn von Zeit zu Zeit zu reinigen.

Seewasserkühlsysteme

Sie sollten bei laufender Maschine mit Süßwasser durchspült werden. Dazu löst man den Schlauch vom Seeventil, steckt ihn in einen Behälter mit Frischwasser und läßt mindestens 20 l durch die Kühlung laufen. Dann mischt man, je nach der erwarteten Tempera-

tur, bis zu 50% Frostschutzmittel mit Süßwasser und läßt den Motor so lange laufen, bis der Behälter leer ist und sich die Mixtur im Seewasserkühlsystem befindet. Alternativ zum Frostschutzmittel kann man wasserlösliches Öl mit Wasser oder eine Mixtur aus Frostschutzmittel, wasserlöslichem Öl und Wasser benutzen. Auf die eine oder andere Weise jedenfalls muß der Motor vor Frost und Korrosion geschützt werden. Der Impeller wird aus der Seewasserpumpe ausgebaut,

auf Schäden untersucht, eingefettet und bis zur erneuten Inbetriebnahme in Fettpapier aufbewahrt.

Wird der Motorblock an einzelnen Stellen zu heiß – sichtbar durch Verfärbungen des Anstrichs –, müssen die Zylinderköpfe abgenommen und die Wasserkanäle gereinigt werden. Man sollte die Seewasserfilter reinigen sowie die Zinkmäuse im Motor inspizieren und ersetzen, wenn sie bis zur Hälfte aufgebraucht sind.

Motorschmierung

Zunächst muß der Ölfilter ausgetauscht werden und dann das Motoröl abgepumpt oder an der Ablaßschraube der Bodenwanne abgelassen werden. Letzteres hat den Vorteil, daß garantiert das gesamte verschmutzte Öl abläuft, denn eine Ölabsaugpumpe reicht vielfach nicht bis zum Boden der Ölwanne.

Dann wird frisches Öl wieder aufgefüllt. Wird das Boot für eine längere Zeit stillgelegt, sollte man ein Konservierungsöl verwenden, das aber bei Wiederinbetriebnahme des Motors ausgetauscht werden muß. In Kap. 5 stehen nähere Hinweise.

Luftsystem

Der Luftfilter ist zu reinigen, das Papierelement zu inspizieren. Das letztere ist zumeist nach einer Saison dreckig, kann aber gewendet und noch einmal benutzt werden. Im Zweifelsfall sollte es ausgetauscht werden, da verminderte Luftzufuhr Verbrennungsprobleme schafft. Zur Erinnerung: Ein Motor braucht erheblich mehr Luft als Kraftstoff. Zum Schluß klebt man den Luftansaugstutzen zu, damit keine Feuchtigkeit ins Luftsystem und von dort in die Zylinder eindringen kann.

Kraftstoffsystem

Der Tank wird randvoll aufgetankt, damit keine Luft im Tank ist und sich somit kein Kondenswasser bilden kann. Alle 5 Jahre sollte der Tank gründlich gereinigt werden. Der Bodenschlamm muß dann abgesaugt und ordnungsgemäß entsorgt werden.

Besitzt der Tank eine Bodenwanne mit einer zugänglichen Ablaßschraube, kann man den Bodenschlamm regelmäßig entfernen und den Tank immer sauber halten. Das sollte man bei einer eventuellen Neuinstallation eines Tanks bedenken.

Zum Schluß sollte man den Tank, falls er aus Metall ist, von allen Seiten und insbesondere den Boden auf Rost untersuchen.

Motor

Jedes Rohr und jede Leitung muß auf Lecks untersucht und alle Probleme sollten beseitigt werden. Die Einspritzdüsen sollten herausgenommen und etwas Konservierungsöl direkt in die Zylinder gespritzt werden. Um mit diesem Öl einen Schutzfilm über die Zylinderwände zu ziehen, dreht man den Motor, wenn es geht, einmal langsam mit der Hand – auf keinen Fall mit dem Anlasser, weil zuviel Konservierungsöl den Motor beschädigen könnte. Sprang der Motor in der Saison nur widerwillig an, sollten die Einspritzdüsen vor dem Wiedereinbau vom Fachmann gewartet werden. Auf alle Fälle müssen die Dichtungsringe ersetzt werden.

Allgemeine Wartungsarbeiten

Den Motor waschen und die Motorhalterungen kontrollieren. Muttern und Bolzen müssen fest angezogen sein. Gab es in der Saison das Problem, daß sich Halterungen lösten, muß die Ausrichtung der Welle überprüft werden. Ursache dafür können ein Riß im Motorfundament, der Bruch einer Motoraufhängung oder eines Schwingungsdämpfers sein.

Den Keilriemen für die Lichtmaschine und die Seewasserpumpe lösen und abnehmen; zeigt er Verschleißspuren, muß er ausgetauscht werden.

Auspufföffnung

Durch die Auspufföffnung kann feuchte Luft in den Motor gelangen – insbesondere bei Mehrventilmotoren, denn bei diesen bleibt mindestens ein Ventil offen, wenn der Motor abgestellt wird. Damit keine feuchte Luft in den Motor gelangt, wird zur Sicherheit die Auspufföffnung verstopft. Zum Schluß sprüht man alle sichtbaren Metallteile – mit Ausnahme der Lichtmaschine – mit einem wasserabweisenden Öl ein.

Batterien

Die Batterien abklemmen, ihren Ladezustand kontrollieren, sie notfalls mit destilliertem Wasser auffüllen und laden. Die Batterien müssen in einem trockenen Raum gelagert und einmal im Monat nachgeladen werden.

Saildrives

Das Wasser muß abgelassen und das Motoröl gewechselt werden. Die Zinkanoden im Kühlwasserkreislauf müssen überprüft und, falls sie über 50% verbraucht sind, ersetzt werden. Entdeckt man bei der Kontrolle der Gummimanschette, den Dichtungen und Schläuchen irgendwelche Fehler, tut man gut daran, sie auszutauschen.

14. Ersatzteile

Selbst am bestgewartetsten Motor gehen Dinge kaputt: Schlauchklemmen können beispielsweise korrodieren oder Impellerflügel brechen. Auf jedem Boot muß ein Mindestmaß an Ersatzteilen sein, damit man mit den üblichen Problemen zurechtkommt.

Ersatzteile (Minimalausstattung)
- 2 Impeller mit Dichtungen
- 1 Ölfilter-Element
- 1 Vorfilter-Element
- 1 Kraftstoffilter-Element
- ausreichend Motoröl
- Kabelverbinder-Sortiment mit Crimpzange
- Betriebsanleitung und Liste der Servicestationen
- Reparatur-Set für Kraftstoffpumpe oder komplette Ersatzpumpe
- Keilriemen-Lüfterrad für Wasserpumpe/ Lichtmaschine
- 1 Rolle selbstvulkanisierendes Isolierband
- Schlauchschellen-Sortiment
- 1 Tube Vaseline

Ersatzteile für Langfahrten
- 2 Impeller mit Dichtungen
- 1 Reparatur-Set für Seewasserpumpe
- 2 oder mehr Kraftstofffilter-Elemente
- 2 oder mehr Luftfilter-Elemente
- ausreichend Motoröl für einen eventuellen zweifachen Ölwechsel
- Dichtungsmaterial fürs Stevenrohr
- Sortiment an Kabelanschlüssen und Elektrokabel
- Betriebs- und Reparaturanleitung sowie Liste der Servicestationen
- Betriebs- und Reparaturanleitung fürs Getriebe sowie Liste der Servicestationen
- Reparatur-Set für Förderpumpe
- Reparatur-Set für Einspritzdüsen
- Stopfbuchsenpackung
- Ersatzanoden
- Frostschutzmittel
- Kalkfreies Wasser für das Frischwassersystem
- Rückstellfeder für die Einspritzpumpe
- Sortiment Unterlegscheiben aus Aluminium oder Kupfer für Einspritzpumpe
- 2 Ersatzkeilriemen für Seewasserpumpe/ Lichtmaschine
- 1 Ersatzkeilriemen für Einspritzpumpe/ Nockenwellenantrieb
- 1 Ersatzthermostat mit Dichtungen
- 1 Reparatur-Set für Frischwasserpumpe
- Auswahl an passenden Schlauchschellen
- 1 Rolle selbstvulkanisierendes Isolierband
- 1 Tube Vaseline
- 1Tube Mehrzweckfett (salzwasserbeständig)
- Ölbinde-Tücher
- Form-A-Plast (Zweikomponenten-Kitt)
- 1 Rolle Dichtungsmaterial zum Zuschneiden (z.B. Nova-Press Universal-Packung von Frenzelit; öl- und wasserbeständig)

Register